Herausgeberin Bettina Gronow

Ein Werk bestehend aus 10 Autoren

TABU!
Über den Tod
hinaus

CW01426333

Danksagung

Mein Dank gehört all den wundervollen Menschen, die sich hier in diesem Buchprojekt zusammengefunden haben.

Danke * Kristina Rumpel
Danke * Sarah Tschirky-Gassner
Danke * Mirjam Hauptfleisch
Danke * Wolfgang Winderl
Danke * Astrid Best-Botthof
Danke * Sascha Lühr
Danke * Birgit Proske
Danke * Heidrun Klaua
Danke * Barbara Grashaus
Danke * Sven Stöckle

Danke, liebe Nathalie Geiger, dass du auch dieses Buch wieder so schön in Szene gesetzt hast. Dafür hast du einfach eine goldene Hand.

Und danke an all die Menschen, die mich persönlich bis hierher gebracht haben. Ohne die vielen Begegnungen in meinem Leben hätte ich all dies nicht umsetzen können!

Danke, Danke, Danke.

Bettina Gronow & 10 Autoren

Astrid Best-Botthof
Wolfgang Winderl
Heidrun Klaua
Barbara Grashaus
Sven Stöckle
Sarah Tschiky-Gassner
Birgit Proske
Sascha Lühr
Mirjam Hauptfleisch
Kristina Rumpel

TABU!
Über den
TOD hinaus

Dein Wegbereiter für eine neue
Perspektive auf das Leben

1. Auflage
© 2021 Bettina Gronow
Herausgeberin und Autorin: Bettina Gronow
www.bettinagronow.com

Autoren*innen:
Kristina Rumpel
Sarah Tschirky-Gassner
Mirjam Hauptfleisch
Wolfgang Winderl
Astrid Best-Botthof
Sascha Lühr
Birgit Proske
Heidrun Klaua
Barbara Grashaus
Sven Stöckle

Korrektorat: KorrA – Kerstin Thieme
Cover und Buchsatz: Nathalie Geiger: www.nathaliegeiger.de
Cover-Foto: Canva.com

TWENTYSIX
Eine Marke der Books on Demand GmbH

Herstellung und Verlag:
BoD – Books on Demand, Norderstedt

ISBN: 9-783740-782634

Bibliografische Information der Deutschen Nationalbibliothek
Die Deutsche Nationalbibliothek verzeichnet diese Publikation
in der Deutschen Nationalbibliografie; detaillierte bibliografische
Daten sind im Internet über http://dnb.d-nb.de abrufbar.

Inhalt

Vorwort

Wir leben, doch wir werden sterben. Einige Menschen um uns herum sind auch schon gestorben. Sie sind gegangen, sind auf die andere Seite gewechselt.

Was macht das mit uns, was macht das mit unserem Leben? Wie gehen wir damit um? Wie gehen wir mit unserem eigenen Tod um? Wo schauen wir weg, wollen Gegebenheiten nicht wahrhaben? Wo erlauben wir uns nicht zu fühlen und auf unsere Intuition zu hören?

Du siehst, es ist ein „heißes" Thema, auch weil es jeden von uns betrifft, bewegt. Es gibt ein Ende. Es gibt unser Ende. So wie wir jetzt sind, werden wir nicht ewig sein. Wir gehen. Alle.

Atme. Fühle dein Leben. Denn genau für dich haben wir dieses Buch geschrieben. Denn genau für dich haben sich die verschiedenen Experten hier zusammengefunden. Genau für dich und dein Leben haben wir Erfahrungen und Erlebnisse zusammengetragen, damit sie dich erreichen können. Damit wir dein Leben bereichern können. Damit wir dich unterstützen können, in all den Momenten, wo es um den Tod geht.

Dieses Buch ist ein seelengeführtes Buch. Es wird dich daher überall dorthin begleiten, wo du hinschauen und hingehen möchtest. Nimm einfach wahr, welches Kapitel dich jetzt am meisten ruft. Nimm wahr, welche Worte dich jetzt erreichen wollen. Nimm wahr, ob du über diese Zeilen auch hinausbegleitet werden möchtest. Nimm wahr.

Nimm dich wahr. Deine Bedürfnisse, deine Gefühle, Emotionen, aber auch deine Angst. Nimm sie wahr. Lass dich fallen, denn du bist nicht allein, wir gehen den Weg in diesem Buch gemeinsam.

In tiefer Herzverbundenheit!

Auf ein Wort zur Entstehung dieses Buchprojektes …

Ich, Bettina Gronow, durfte schon einige Bücher auf diese Welt bringen und darunter befinden sich auch wunderbare gemeinschaftliche Werke. So auch dieses. Wie immer habe ich es dem Leben zur freien Auswahl gelassen, wer in diesem Buch mitwirken wird. Und es freut mich sehr, dir hier eine so wunderbare Auswahl anbieten zu können. Meine Aufgabe war es, den Rahmen für dieses Buch zu halten und jeden Autor auf seinem Weg zu begleiten, dir hier seine Bestform darbieten zu können. Du findest mich vor jedem Kapitel in Form einer kurzen Einleitung. Let´s go!

Wir die Autoren wünschen dir JETZT eine wunderbare und liebevolle Zeit und ganz viel Freude beim Lesen.

„Die Schwester spricht zu dir.
Sie teilt ihre Weisheit mit dir.
Lausche, was sie dir sagen möchte.
Tauche in ihre Weisheit ein,
die es schon so lange gibt."

Kristina Rumpel wird mit ihren Worten
die Verbindung zu deiner eigenen Weisheit
wiederbeleben und dir das alte Wissen
über die Geburt, das Leben und
den Tod zurückbringen.

Kristina Rumpel

Schwester Todin

Mit weiblichem Weisheitswissen in eine neue Sterbekultur, die das Leben fördert.

Im Leben sind nur zwei Dinge sicher: Wir alle werden geboren und wir alle sterben. Geburt und Tod sind die Eckpfeiler eines jeden Lebens. Zwei hochspirituelle Transformationsprozesse, die wir im Alltagsbewusstsein nahezu ausklammern – auch da die Ereignisse mehrheitlich ausgelagert sind und in extra Räumen stattfinden. Das ist schade, denn so lassen wir die Chance liegen, uns mit den Essenzen des Lebens vertraut zu machen. Denn so wie wir geboren werden, so leben wir und so wie wir leben, so sterben wir. Genauer: Alles Ende ist nur die Geburt und der Übergang in eine neue Phase, in eine neue Wirklichkeit. Geboren werden, Leben und Sterben ist der drei-eine Prozess des Ewigseins: In Schwangerschaft und Geburt werden wir auf das Leben vorbereitet, im Leben werden wir auf den Tod vorbereitet und im Tod werden wir auf die (Neu-) Geburt vorbereitet.

Nie kommen wir den Geheimnissen des Lebens so nahe wie im Geburts- und Sterbeprozess, schauen wir daher ohne Angst und Denk- und Fühlverbote auf die stattfindenden Prozesse. Es ist das größte Geschenk, das uns ein Mensch machen kann, wenn er oder sie uns am Sterbeprozess teilhaben lässt, da wir so erkennen können, was wirklich, wirklich wesentlich ist im Leben. Es ist eine Offenbarung im eigentlichen Wortsinn. Die Offenbarung, zu erfahren, dass der Mensch behütet und geführt ist, wenn er sich gänzlich öffnet für die Erfahrung, die wir Leben nennen und zwar für alles, was war, ist und sein wird. Aus dieser inneren Haltung des uneingeschränkten Ja zum Leben entwickelt sich sowohl der Geburts- als auch der Sterbeprozess und eben auch das Leben ohne Gewalt, in Frieden und tiefer Verbundenheit, da es keine inneren Widerstände gibt. Mein Opa hat mir dieses Geschenk gemacht und was ich erkennen durfte – auch aufgrund meiner Expertise als WombPower Trainerin und Expertin für neue Geburtskultur –, möchte ich hier in diesem Text teilen. Es ist ein Beitrag, um mit dem Tod und unserer Seelengabe Frieden zu schließen, um anzukommen hier auf Erden mit der großen Seele. Der urweibliche Blick von innen nach außen macht dies möglich.

Darum frage ich zu Beginn: Welchen Stellenwert hat der Tod für dich? Verdrängst du ihn oder ist er ein Bestandteil deines Lebens? Hast du schon einen Menschen im Sterben begleitet? Hast du Angst vor dem Tod? Wie stellst du dir den Tod bildlich vor? Macht es für dich emotional einen Unterschied, dir den Tod männlich oder weiblich vorzustellen? Von wem willst du lieber geholt werden: von einem blonden jungen Mädchen oder von einem Mann mit schwarzer Kapuze? Ja, es macht einen Unterschied, welche inneren Bilder wir haben. Sie wirken sich positiv oder negativ auf den Prozess aus.

Die meisten von uns haben zumindest unbewusst ein Horrorbild im Kopf vom Sensenmann, Gevatter Tod, dem Skelett, das rücklings zuschlägt, weshalb wir nie sicher sein können, ob er nicht schon hinter der nächsten Ecke lauert. Natürlich macht so eine Vorstellung Angst und sie führt nicht selten dazu, dass wir uns vor lauter Angst vor dem Tod das Leben versagen, wahrhaftig und lebendig zu sein.

Diese Sichtweise auf den Tod ist die Folge der Verdrängung des weiblichen Weisheitswissens, das einherging mit der Auslöschung der weisen Frauen aus der Mitte der Gemeinschaft und unserer Kultur. Geburts- und Sterbebegleitung sowie die Sorge um die Seele zu Lebzeiten waren einst in der Hand der Hebammen, weisen Frauen, wissenden und sehenden Frauen, den sogenannten Seelenführerinnen. Sie alle waren auch Priesterinnen der Allmutter und wurden daher von der katholischen Kirche als größter Feind betrachtet, da sie als Seelenführerinnen an ihrem Glauben festhielten: „aber da ist doch noch mehr", bezogen auf die großen ursprünglichen Zusammenhänge des Seins für ein förderliches Leben mit den Urkräften. Noch heute sind die Auswirkungen gigantisch: Das Wissen um leichte Geburten und segensreiches Sterben ist vielfach verloren, denn dies beginnt mit einem Ja zur Seelenebene. Die meisten Einrichtungen, in denen Gebären und Sterben stattfindet, sind oft Orte, an denen die Seele an sich keinen Wert hat. Da bei der Geburt jedoch eine Seele die Erde betritt und beim Sterben eine Seele die Erde verlässt, führt die Seelen- und damit Seinsvergessenheit dazu, dass die Transformationsprozesse der Seele gestört und erschwert bis unmöglich gemacht werden. Dies ist ein Teufelskreis, denn aus Unwissenheit mehrt sich das Leiden am Anfang und am Ende des Lebens und in Folge auch im Leben. Das lässt die Menschen wiederum mehr Angst und mehr Widerstand aufbauen.

So ist der Weg versperrt für einen leichten, kraftvollen, ja ekstatischen Geburtsprozess und eben auch für einen würdevollen und gnadenreichen Sterbeprozess.

Wenn wir uns an das weibliche Weisheitswissen erinnern, öffnet es uns neue Handlungsräume. Und durch eine wissende Einsicht können wir in die tieferen Zusammenhänge eintauchen. So kommt der Tod nicht plötzlich. Er kommt, wenn die Lebenszeit abgelaufen und die (Lern-)Aufgabe der Seele erfüllt ist. Dies misst sich nicht in Zeit, sondern Lebensintensität. Wir gehen im menschlichen Verständnis irrigerweise, d. h. von der Seele abgewandt, davon aus, dass ein Leben besonders reich und schön war, wenn es lang dauert. Aus Seelenperspektive ist die Zeit kein wichtiger Faktor, sondern die Erfahrungen zählen, die für die Seele vorgesehen waren. Hat die Seele ihren Plan erfüllt, den Grund, für den sie inkarniert war (das ist mit dem Verstand nicht immer zu verstehen), vollzieht (folgt) der Tod (seiner Bestimmung) ihr Schicksal und die Seele kann wieder einkehren in den Urschoß, die Heimat aller Seelen. Der Schmerz liegt bei den Hinterbliebenen und nicht bei der Seele, die geht. Den Wandlungsprozess der Seele im Sterben miterleben zu dürfen, hilft auch den Hinterbliebenen, in Frieden loslassen zu können. Die innige Berührtheit auf Seelenebene schafft die Verbindung über den Tod hinaus.

Auch unseren eigenen Tod können wir leichter akzeptieren, wenn wir uns nicht vorstellen, dass ein gesichtsloser Mann mit schwarzer Kapuze kommt, sondern wenn wir uns vielmehr an das alte Bild der Todin erinnern. Ja, der Tod ist weiblich, wie alles, was das Leben auf Erden prägt, in einem weiblichen Kontext zu verstehen ist. In anderen Sprachen ist dies noch ersichtlich im weiblichen Artikel, z. B. „la morte". Bei uns hat die Erinnerung der Schwester Todin als junges Mädchen in der Heiligenfigur der Notburga überdauert.

Die heilige Notburga wird als ein freundlich lächelndes blondes Mädchen mit einer Sichel und einem Ährenbund in der Hand dargestellt. Keine falsche Hoffnung: Wenn sie erscheint, ist sie ebenso unerbittlich, aber sie schaut uns in die Augen und lässt uns erkennen, dass unsere Zeit abgelaufen ist. Dafür stehen der Ährenbund und die Sichel, die später zur angsteinflößenden Sense geworden ist. Mit der Sichel wird das Getreide geschnitten. Somit ist die Sichel ein Symbol, dass alles seine Zeit hat und Neues nur kommen und der ewige Rhythmus aus „entstehen, werden, vergehen und neu beginnen" nur fortbestehen kann, wenn das Alte Platz macht und geht. Nur wer erntet, den Schnitt setzt, kann in den Kreislauf einkehren. Schwester Todin ist also die Schnitterin, deren Fest wir im Jahreskreis am 1./2. August feiern. Wir erinnern: Alles hat seine Bedeutung für das Große und Ganze. Nichts geschieht einfach so. Nur wer stirbt, kann wieder zurückkehren in die Quelle und so den ewigen Fluss des Seins gewähren. Schwester Todin kommt also nicht einfach so, sie zeigt das Rad des Lebens auf. Mit dieser Einsicht in die kosmische Ordnung können auch wir einsichtig werden und den Tod bejahen. Mit diesem Ja und der Hingabe kann sich der Sterbeprozess gnadenvoll als Übergang der Seele in eine andere Daseinsform entfalten.

Geburts- und Sterbeprozess haben eine Dynamik, eine Bewegung in entgegengesetzte Richtung: von der Quelle weg und zur Quelle hin. Beide Prozesse gleichen einander, wenn sie auf Seelenebene bestaunt werden. Der natürliche Geburts- und Sterbeprozess verläuft in vier Phasen. Diese vier Phasen dienen der Verankerung der Seele im Körper oder der Loslösung aus dem Körper. Im Grunde wächst der Körper in das Seelenfeld hinein und zieht sich dann aus dem Seelenfeld wieder zurück, nicht umgekehrt. Das Zurückziehen des Körpers erfolgt über die vier Elemente.

Wie bei der Geburt weiß der Körper allein, was zu tun ist, um möglichst leicht den Übergang zu schaffen. Doch aus Unbewusstheit über die stattfindenden Prozesse, die über das körperlich Sichtbare hinausgehen, werden Dinge getan, die die Prozesse behindern. Eine sterbende Person zu mobilisieren, zum Essen und Trinken zu zwingen etc. ist ebenso eine Körperverletzung, wie eine gebärende Frau ans Bett oder an Geräte zu fesseln, die ihre Bewegungsfreiheit einschränken, um hier nur ein paar Beispiele zu nennen.

Ein Sterbeprozess, der seelenvoll begleitet und ungestört stattfinden kann, dauert idealtypisch, wenn er sich natürlich aufgrund des Alters und dem Ende der Lebenszeit vollzieht, genau 21 Tage. Diese Zeitspanne bezieht sich auf den akuten Sterbeprozess. Der Lösungsprozess beginnt bereits vorher. Etwa neun Monate vor dem Sterbetag beginnen sich schleichend Veränderungen bemerkbar zu machen, das Wesen des Menschen ändert sich, z. B. wird der Mensch stiller oder noch mal unternehmungslustig – meist begleitet von einem äußeren Ereignis wie Sturz, Umzug, Tod eines lieben Menschen, Geburt eines Kindes in der Familie etc. Dieser Zeitraum lässt sich von außen natürlich nur in der Rückschau erkennen. Der Beginn ist jedoch auf Seelenebene spürbar und die Präsenz von Schwester Todin immer deutlicher wahrnehmbar im Inneren. Dies zu erkennen und zu bejahen, erfordert Mut. Mut, der aus dem Vertrauen in das Große und Ganze, den ewigen Kreislauf weiblicher Urspiritualität erwächst. Und gleichzeitig erwächst daraus auch eine unfassbare Kraft, die den Prozess beflügelt, da keine Selbsttäuschung, kein Wegdrehen, kein Leugnen, sondern Annahme pur präsent sind. Das Erfassen des eigenen Todeszeitpunktes ist im Übrigen eine der sogenannten Siddhis, eine Fähigkeit im höchsten Bewusstsein, die wir Menschen zu Lebzeiten erlangen können.

Beginnt der akute Sterbeprozess, ist als Erstes das Element Erde betroffen. Die Materie verliert ihre Bindekraft und Stärke. Der irdische Körper wird schwach und beginnt sich aufzulösen. Anzeichen sind eine ungeheure Schwere des Körpers und der Verlust der Kontrolle über die Muskeln. Menschen in dieser Phase haben das Bedürfnis, sich hinzulegen und ihre Schwere an die Erde abzugeben. Häufig können sie im Bett nicht einmal mehr den Kopf heben. Sie sind wie einzementiert. Solange sie dagegen ankämpfen, wirkt die Schwere der Erdanziehung wie zermürbend. Sie jetzt in einen Stuhl zu zwingen, zu duschen oder an sozialen Programmen teilnehmen zu lassen, ist menschenunwürdig. Ein sterbender Körper muss in Ruhe gelassen werden. Der Körper ist enorm druckempfindlich, sodass sogar die Bettdecke als Last empfunden werden kann. Auch Berührungen können in dieser Phase als unangenehm empfunden werden. Denn erst, wenn die sterbende Person ihren Zustand bejaht und den Körper vertrauensvoll an Mutter Erde abgibt, schwinden der Druck und die Schwere aus dem Körper. Diese Phase kann heftige körperliche Gegenwehr verursachen, vor allem wenn Kontrollverlust und Bedürftigkeit ein Thema sind, denn einmal hineingegeben, gibt es kein Zurück.

Als begleitende Person können wir diese Phase der Akzeptanz unterstützen, wenn wir dem Menschen versichern, dass er oder sie nicht allein ist, dass wir uns kümmern und nichts fehlen wird. Ganz wichtig ist es, in dieser Phase den Satz zu sprechen: Alles ist in Ordnung. Am Lebensanfang ist dies die Phase, wenn das Kind gerade geboren wurde und die Schwere des Körpers zum ersten Mal nach der Zeit der Schwerelosigkeit im Fruchtwasser gespürt wird. Auch hier ist es eine gute Idee, die Seele anzusprechen mit den Worten: „Alles ist in Ordnung. Du bist umsorgt. Du bist nicht allein. Wir sind bei dir und sorgen für dich."

Als Nächstes beginnt das Element Feuer aus dem Körper zu weichen. Das Lebensfeuer kühlt nach und nach ab und so schwindet auch die Wärme aus dem Körper. Meist kriecht die Kälte von den Extremitäten langsam nach oben. Der Körper wird kälter, aber die Menschen fühlen sich innerlich glühend. Viele haben in dieser Phase einen unstillbaren Durst. Das hängt mit den angestauten Emotionen zusammen, die sich im Körper jetzt lösen. Starke Gefühlsausbrüche – je nach Charakter Angst oder Wut – können sich zeigen. Manche Menschen entwickeln aufgrund der hohen Energie, die freigesetzt wird, eine solche Kraft, dass sie sich aufbäumen und noch mal aufstehen wollen. Doch meist brechen sie bald wieder zusammen, da die Kraft bereits aus dem Körper gewichen ist und die Kontrolle über den Körper immer mehr abnimmt. Auch die Stimme wird langsam brüchig oder versagt ganz. Die Menschen durchleben in dieser Phase entweder die Hölle, weil sie sich erstmals mit sich selbst auf Seelenebene befassen (müssen) und Verdrängtes an die Oberfläche kommt, oder sie erleben diese Phase als ein reinigendes Feuer, das die Last nimmt. Die Seele geht sozusagen durch das Fegefeuer, das kein Vorort der Hölle ist, sondern ein Reinigungsprozess der Seele, das Feuer, das durch die Seele fegt und sie von Anhaftungen der Inkarnation befreit.

Diese Phase ist echte Arbeit für die Sterbenden, die ein Begleiter unterstützen kann, indem er den Menschen hilft, die Dinge in Ordnung zu bringen, Groll und Schuld aufzuräumen und auch irdische Besitztümer zu verteilen bzw. sicherzustellen, dass alles Menschliche geklärt ist. Wenn irgendetwas nicht geklärt ist, ein Streit, Besitzverhältnisse, Lebenslügen etc. kann sich diese Phase sehr lange hinziehen. Auch ungeklärte Verhältnisse mit bereits verstorbenen Personen können hier zur Belastung werden, weshalb auch Klärungen auf energetischer Ebene zu berücksichtigen sind.

Denn wie soll ein Mensch leicht sterben, wenn er befürchtet, im Jenseits nicht mit offenen Armen empfangen zu werden? Auch die moralischen Vorgaben der Religionen, die Vorstellung der Hölle oder des sündigen Lebens erschweren oftmals den Sterbeprozess genau in dieser Phase. Dabei gibt es aus Sicht der weiblichen Urspiritualität nur eine Schuld: Das ist Skuld, die Norne (die Schicksalsgöttin), die den weißen Strang webt. Skuld heißt übersetzt Schuld und bezieht sich darauf, unser Leben vorwärts zu leben, frei und unbeschwert, alle Möglichkeiten nutzend für ein sich erfüllendes Schicksal in der Zukunft, immer wieder neu beginnend, ganz neu in jedem Moment ohne Ballast der Vergangenheit. Und somit ist es kein Wunder, dass viele Menschen auf dem Sterbebett bereuen, dass sie ihr Leben nicht gelebt und den Erwartungen und Vorgaben anderer angepasst haben. Wir bereuen also vielmals nicht, was wir getan haben, sondern das, was wir nicht getan haben. Auch an diesem Punkt der eigenen Lebensführung in ein glückliches, erfülltes Leben hinein öffnet uns die Beschäftigung mit dem Sterbeprozess die Augen.

Viele Menschen sehen in der zweiten Phase des akuten Sterbeprozesses auch bereits Verstorbene – häufig die eigene Mutter –, die schon vorausgegangen sind. Das sind keine Halluzinationen, sondern Zeichen dafür, dass der Kanal bereits aufgegangen ist und die Schleier dünner werden. Es ist sehr hilfreich, diese Verbindung zu stärken, indem innere Bilder des Wiedersehens auf der anderen Seite bestärkt werden. Damit die Wiedervereinigung angst- und schuldfrei stattfinden kann, muss in dieser Phase dieser Satz laut ausgesprochen werden: „Alles ist dir vergeben." Auch wenn der Sterbende zum Beispiel ohne Bewusstsein oder dement ist. Das Unterbewusstsein verarbeitet den Satz sehr wohl auf Seelenebene. Wird der Satz nicht gesprochen, kann es sein, dass sich der Sterbeprozess unendlich lange hinzieht, da sich das Ego mit aller Kraft gegen die Heimkehr der Seele wehrt.

Dies ist eine unheilvolle Folge der falsch verstandenen Schuld, wie sie den Seelen zu Lebzeiten aufgedrückt wurde. Bei der Geburt ist es die Phase, wenn das Kind in den Geburtskanal eintritt. Diese Phase ist daran zu erkennen, dass die Gebärende gerne davon weglaufen würde, sie meint, sie könne nicht mehr und äußert ihren Unmut gegebenenfalls lautstark. Das ist immer ein Zeichen, dass die Geburt unmittelbar bevorsteht. Wie im Sterbeprozess ist der Schlüssel, ins tiefe Vertrauen zu gehen, dass all das keine Strafe, sondern vielmehr ein förderlicher Prozess ist, der das Geschehen befeuert, Energie freisetzt und den Ausgang näherbringt.

Als drittes Element zieht sich das Wasser aus dem Körper zurück. Das Wasser des Lebens verebbt und wird von der Quelle wieder eingesogen. Äußere Anzeichen dieser Phase sind das Austrocknen der Nase und des Mundes. Auch wird die Haut jetzt immer weißer, da das Blut verklumpt. Spätestens jetzt verspürt der sterbende Mensch keinen Hunger und Durst mehr. Dieses Bedürfnis gilt es zu achten. Essen und Trinken – etwa durch Infusion – einem sterbenden Menschen zwangsweise einzuflößen, ist eine Körperverletzung. Auch wenn es schwer zu akzeptieren sein mag, ein gesunder, voll funktionsfähiger Körper stirbt nicht. Wird über diese Grenze gegangen, verlängert sich der Sterbeprozess unnötig und wird qualvoller, da gegen den Prozess gearbeitet wird. Was eine Sterbebegleitung jetzt tun kann: Lippen und Nase feucht halten, damit keine Schmerzen durch Risse in der Haut auftreten. Bei der Geburt zeigt sich ironischerweise wiederum das gegenteilige Bild: Gebärende haben durchaus ein Bedürfnis nach Essen und Trinken und es wurde ihnen lange Zeit verwehrt, um den Darm leer zu halten.

Wenn der Prozess in dieser Phase fortgeschritten ist, dann ist häufig ein gurgelndes Geräusch zu hören. Medizinisch wird es als Wasser in der Lunge gedeutet, was sicherlich auch so ist.

Auf seelischer Ebene ist dies das Zeichen, dass der Körper das Seelenfeld verlässt. Seele bedeutet eigentlich Kehle, wenn wir uns von einem Übersetzungsfehler in der Bibel befreien, also jener Ort in uns, an dem wir durch sprechen, singen und tönen Schwingung erzeugen, das Seelenfeld um den Körper herum stabilisieren. Das Gurgeln ist ein Seelen-Kehlen-Geräusch der Ablösung. Viele Sterbende haben jetzt das Gefühl zu ertrinken. Wenn dies der Fall ist, gilt es als begleitende Person fest im Vertrauen zu bleiben, keine Angst zu spiegeln, sondern vielmehr selbst immer stärker in die Liebe und Verbundenheit des eigenen Seelenfeldes zu kommen, denn hier besteht Verbindung über den Tod hinaus. Jetzt gilt es zu vermitteln: Dort, wo die Seele jetzt hingeht, in den unendlichen Ozean des Seins, kann die Seele auch unter Wasser atmen. Der Moment des Abschiedes naht und kann für die sterbende Person würdevoll gestaltet werden, wenn die Begleitung voller Liebe im Herzen versichert, dass die Seele nun am Beginn einer wundervollen Reise steht. Eine Abenteuerreise, die voller Freude und Neugierde im Geiste angegangen werden will.

Auf der Geburtsseite beginnt in dieser Phase ebenfalls die Geburtsreise. Die Wehen oder Wellen haben begonnen, die Fruchtblase platzt und die Gebärende gleitet durch die Wogen der Geburt. Gefühle der Freude, Liebe, Ekstase, Dankbarkeit fördern den Prozess ebenso wie ein Tönen und Öffnen der inneren Geburtsräume. Die Gebärende wird hochsensitiv und das A und O einer Begleitung in dieser Phase ist, das Vertrauen hochzuhalten, dass alles gut werden wird, weil es schon gut ist.

Liebe, Dankbarkeit und Wertschätzung für die Seele, die gerade im Begriff ist, die Welt zu verlassen – so sieht die seelenvolle Begleitung insbesondere in der letzten Phase aus.

Das Element Luft schwindet aus dem Körper und mit ihm das Bewusstsein. Das Bewusstsein löst sich aber nicht in Luft auf, es wird selbst zur Luft und der Körper hört auf, das Seelenfeld mit dem Atem in sich einzuziehen. Meist beginnt diese Phase mit einer unregelmäßigen und sehr flachen Atmung. Wenn der Prozess wie im Bilderbuch endet, dann sind noch einmal drei sehr tiefe Atemzüge zu vernehmen und mit dem dritten hat der Mensch seinen letzten Atemzug getan und das Seelenfeld verlässt den Körper und breitet sich im gesamten Raum aus. Für alle im Raum spürbar, das Seelenfeld und damit die Erinnerung, wie es sich in der Quelle anfühlt: Frieden, Ruhe, völlige Losgelöstheit. Es ist vollbracht. Jetzt ist alles gut, denn es ist das Ende. Die Seele tritt ein in den Geburtskanal zur Quelle. Was noch zu tun bleibt: Fenster öffnen und Spiegel abhängen für die ungestörte Ausbreitung der entfliegenden Seele.

Jeder Geburts- und Sterbeprozess läuft – wenn auch innerhalb dieser vier Phasen – dennoch sehr unterschiedlich ab. So einzigartig wie die Seele, die kommt oder geht, so einzigartig ist auch die Geburt und der Tod. Daher gibt es kein Richtig oder Falsch im Sinne, was getan werden muss. Was es braucht ist ein Mitschwingen und agieren aus der eigenen Seelenanbindung. Das bedeutet für die begleitenden Personen, hinter die körperliche Ebene zu schauen, also nicht auf den welkenden Körper, vielmehr auf das Aufblühen der Seelenpräsenz. Weder Geburt noch Tod sind gewaltsam oder grausam und müssen auch nicht schmerzhaft erlebt werden. Vielmehr tragen sie die Chance in sich, eine Erfahrung der Liebe, des Friedens und des tiefen Verbundenseins bis in die Quelle hinein zu sein. Bei der Begleitung am Anfang und am Lebensende geht es allein um die Seele in ihrem Wandlungsprozess. Als Begleiter sind wir Dienerinnen dieses Prozesses, die den Prozess weder beschleunigen noch verhindern können.

Wir können der Seele nur beistehen, in unserer vollen Präsenz dabei sein, Botschaften und Impulse aufnehmen, die für den Prozess förderlich sind. Gesang, Gebete und Segensworte können helfen, auf die Seelenebenen zu kommen und dort verankert, dabei zu stehen.

Schauen wir auf die Seelenebene, offenbart sich das weibliche Weisheitswissen rund um förderliche Geburten, Leben und Tod. Was sich zeigt, ist der dreieinige Prozess des Seins, welches das Dasein auf diesem Planeten für die Seelen ermöglicht. Das Ewigsein wird sichtbar ohne jegliche moralische Aufladung oder religiöse Begründung, allein aus der Symmetrie der Prozesse entstanden, aus den drei Seinsformen „entstehen, werden, vergehen". So sind die Empfängnis, die Geburt und das Sterben Prozesse, die jeweils gleichzeitig auf drei Ebenen stattfinden. Die Empfängnis ist ein Prozess gekennzeichnet durch ein Werden in der Gebärmutter, Entstehen im Leben und Vergehen im Spirit. Ebenso ist die Geburt ein Vergehen in der Gebärmutter, ein Werden im Leben und ein Entstehen im Spirit. Das Sterben ist ein Prozess, der ein Vergehen im Leben, Werden im Spirit und Entstehen in der Gebärmutter möglich macht. Aufgrund dieser Systematik, die sich aus dem weiblichen Weisheitswissen um die drei Stränge des Seins erschließt, können wir also den Bereich nach dem Tod sehen und verstehen, geschöpft aus der Gebär- und Sterbeerfahrung.

Klammern wir den Tod zu Lebzeiten aus, gehen wir am Sinn des Lebens vorbei, uns mit allen Sinnen freizuleben. Den Tod als Schwester Todin umarmen und ins Leben einladen als Mittelpunkt des Ewigseins, heißt zurückzufinden zur Lebendigkeit und wahrhaft in jedem Moment zu sein. Wenn das Leben also eine Entwicklung hin zum Sterben ist, dann heißt das eben nicht, dass Leben sinnlos ist, weil ohnehin alles im Tod endet.

Vielmehr eröffnet es erst den ganzen Sinn des Seins, der darin liegt, Seelenerfahrungen zu sammeln. Eindrücke mit allen Sinnen aufzunehmen und die Chakren als Sinnesorgane der Seele in uns ins Schwingen zu bringen, für den heilvollen Wohlklang unseres Seins im Einklang mit der kosmischen Schwingung. Geld, Besitz, Erfolg können wir nicht mitnehmen, Seeleneindrücke schon. Und da unsere Seele laut Maat, dem kosmischen Gesetz, im ägyptischen Totenbuch festgehalten, nicht schwerer sein soll als eine Feder, kann es ja nur darum gehen, zu Lebzeiten Eindrücke der Freude, Liebe und Glückseligkeit zu sammeln und erfüllt und reich auf Seelenebene wieder einzukehren in den Urschoß. Der Tod ist dann nicht das Aus, sondern der Wendepunkt, die Rückfahrkarte nach Hause und somit die größte Liebeserklärung der Quelle an alle Seelen.

Die Beschäftigung mit Schwester Todin führt nicht nur in eine neue Sterbekultur, sondern auch in eine neue Lebensweise. Wir können unbeschwert aufleben, unser Seelenpotential entfalten und darauf vertrauen, dass wir in unserem Leben geführt sind und diese Führung und Verbindung über den Tod hinaus besteht. Wir müssen nur an uns glauben, wir Frauen, die uns trauen, den Geburts- und Sterbeprozess wieder im Vertrauen auf die weibliche Kraft zu erleben. Wir dürfen zuschauen und uns des weiblichen Mysteriums im Wandel gewahr werden.

Es ist uns innewohnend und jede Frau erlebt den Prozess innerhalb ihres Zyklus, bei dem jeden Monat etwas entstehen will, wird oder vergeht. So zeigt sich auch hier die Grundstruktur des Seins als die dreieinige Kraft des Lebens und Ewigseins ausgedrückt in den drei Farben des Lebens: Weiß für den Samen, Rot für das Blut und Schwarz für den Humus, die umhüllende nährende Dunkelheit. Hier ist kein Raum für Angst und Schrecken, dafür umso mehr Einsicht.

Schluss also mit Lebensverhinderungsstrategien aufgrund einer unwürdigen, die Seele und die Menschen verachtenden Sterbekultur. Lasst uns Schwester Todin umarmen und zu einer neuen Lebens- und Liebeskultur finden. Lasst uns wieder ganz eintauchen in den Moment und die gemeinsame Zeit auf Erden genießen – übrigens auch eine Vorbeugungsmaßnahme für starke Trauer, denn haben wir intensiv gelebt, können wir glücklich sein über das, was gewesen ist und müssen nicht betrauern, was alles noch nicht war. So zeigt sich das Dasein auf Erden wieder von Schmerz und Leiden befreit als Paradies, jener Ort für alle Seelen, die sich an ihrem Göttlichsein erfreuen.

Kristina Marita Rumpel

Buchautorin, Speakerin, Mentorin

Ich bin Kristina Marita Rumpel, Jg. 1978, studierte Soziologin, ehemalige Referentin für Frauenpolitik im Deutschen Bundestag, glückliche Single-Mutter, Katzenfreundin, 5-fache Buchautorin, zertifizierte Speakerin und Trainerin, Initiatorin von FlowBirthing, ausgezeichnet mit dem Health Media Award 2015, Veranstalterin des WombPower-Online-Kongress 2017 mit über 4500 Teilnehmerinnen, Gründerin der WombPower Impact School, Host des Allmutter Welt Podcast – kurz die WombPower Expertin Nr. 1 für ein freies und wahrhaftiges Leben aus und mit der weiblichen Kraft.

Ich gehe für die Freiheit aller Seelen und Frieden auf Erden, indem ich Frauen in ihre wahre Macht und Größe führe, sodass sie leben, was sie sind: weiblich-lebendig-göttlich. Zu mir finden Frauen, die in ihrem Leben und in der Welt einen Unterschied bewirken und die historische Chance erkennen, die wir Frauen jetzt haben, den stattfindenden Wandel positiv zu gestalten und zwar aus sich heraus, der WombPower, und genau da, wo Frau gerade ist:

Egal ob zu Hause als Frau und Mutter, Verantwortungsträgerin in Politik, Wirtschaft, Gesellschaft oder im Bereich der Spiritualität.

No more shame, no more fear, einfach in Führung gehen mit der weiblichen Energie für eine lebensbejahende Welt. So gehe ich mutig und entschlossen den weiblichen Weg im Vertrauen auf die höhere Führung in Alignment meiner Seelenführung. Nach meiner Krebserkrankung mit dem JA zu mir und meiner Seelengabe durfte ich einen Schatz an Seelenwissen weiblicher Weisheit heben, der mein Leben vollkommen (!) verändert hat und den ich nun allen Frauen, die um ihre Kraft und Macht wissen (wollen) im Allmutter Tempel, meiner FREE COMMUNITY, zugänglich mache.

Kontakt:
www.kristinarumpel.com
www.facebook.com/groups/allmuttertempel
www.flowbirthing.de

„Wenn wir nicht fragen dürfen,
wenn wir nicht hinschauen dürfen,
dann können wir nicht sehen,
was sich uns offenbaren möchte."

Sarah Tschirky-Gassner nimmt dich
in ihrem Text mit auf die Reise
zu ihrer ureigenen Wahrheit.
Und zugleich begleitet sie dich,
damit auch du deiner Wahrheit
näher kommen kannst.

Sarah Tschirky-Gassner

Mama, was passiert nach dem Tod mit uns?

**Um Himmels willen, Kind, du bist zu jung,
um dich das zu fragen ...**

Wie wenn es gestern gewesen wäre, hallt diese Konversation mit meiner Mama in meinen Ohren nach. Ich war jung, sehr jung, als ich mich schon fragte, was denn nach unserem Tod mit uns passieren würde. Wo gehen wir hin? Wie fühlen wir uns dann? Wissen wir, dass wir gestorben sind? Und hören wir dann irgendwann wieder mit dem Sterben auf? Gibt es einen Neuanfang? Fragen um Fragen jagten mir schon achtjährig durch den Kopf. Und niemand wollte mir antworten. Darüber spricht man nicht. Du bist jung, du musst nicht übers Sterben nachdenken. Ich fühlte mich alleingelassen mit meinen Fragen. Verdrängte sie.

Kommt dir das vielleicht auch bekannt vor? Wurde in deiner Familie über den Tod gesprochen? Hast du Erinnerungen dazu und wie war das für dich? Durftest du dich dazu austauschen oder Fragen stellen? Hat dich das ebenfalls beschäftigt, dass du wissen wolltest, wo wir hingehen werden, wenn wir sterben?

Und irgendwie wollte es dann doch nicht aufhören. Wenige Jahre später nämlich fand ich mich auf der Beerdigung des Sohnes meines älteren Cousins wieder. Er hatte sein Kind verloren. Diesen Jungen, den ich so gerne mochte. Die dritte Hirnhautentzündung in Folge überlebte er nicht. Ich erinnere mich an den Schleier vor meinen Augen bei der Beerdigung. Alle waren so wahnsinnig traurig, erschüttert, betroffen. Niemand der Erwachsenen konnte verstehen, dass dieses Kind vor ihnen gehen musste.

Ich lief allein um die Kirche herum, weil ich auf der Suche nach meiner Mama war. Und plötzlich war er da. Die Energie des Jungen, der zu meiner Familie gehörte. Ich wusste, dass er lächelt. Dass er da war. Dass er alles sehen konnte, was hier geschah. Seine Beerdigung. Die Trauer der Angehörigen. Diese Erfahrung verdrängte ich Jahre, wenn nicht Jahrzehnte. Zu groß war die Angst vor Verurteilung, wenn ich darüber sprechen würde. Das konnte doch irgendwie nicht sein. Wie sollte denn genau ich jemanden wahrnehmen können, den man für tot erklärte?

Hast du auch solche Erfahrungen gemacht, wo du glaubtest, dass du Verstorbene wahrnehmen kannst? Konntest du mit jemandem darüber sprechen? Was hat es mit dir gemacht oder musstest du es verdrängen?

Die Fragen überkamen mich erneut. Sie waren ja auch nie weg. Nur verdrängt. Von mir persönlich weggeschoben. Ich las Bücher. Mit zwölf Jahren fiel mir das Buch von Dale Carnegie «Sorge dich nicht, lebe!» in die Hände. Jedes einzelne Schicksal, das Carnegie in diesem Buch beschrieb, berichtete von der Erkenntnis, dass wenn niemand stirbt, alles im Leben nur halb so schlimm ist. Na toll, mein erster großer Glaubenssatz in punkto Sterben war eingepflanzt: Sterben ist schlimm. Sterben ist nicht gut. Sterben tut weh.

Ist dir bewusst, welche Glaubenssätze du zum Thema Sterben in dir trägst? Weißt du noch, wer diese Glaubenssätze geprägt hat? Kannst du dich noch an Situationen aus deinem Leben erinnern, die dich in dieser Hinsicht prägten?

In der Pubertät und als Teenager entwickelte ich eine ausgeprägte Vorliebe für schwarze Kleidung. Was für andere ein Zeichen von Traurigkeit und Dunkelheit im Sinne von Negativität war, war mein Zuhause. Ich wurde öfter darauf angesprochen, weshalb ich denn immer Schwarz trage. Ich war genervt davon, weil ich erstens nicht verstand, weshalb das wichtig war und zweitens immer den Druck verspürte, mich dafür zu rechtfertigen. War ich denn irgendwie anders als die anderen? Ich fragte mich, was mit mir verkehrt war. Meine obligatorische Schulzeit durchlebte ich sinngemäß turbulent. Ich war hin- und hergerissen zwischen dem normalen Teenie-Alltag und wusste aber gleichzeitig, dass ich den Sinn des Lebens hier erkennen musste, um die Berechtigung zu fühlen, da zu sein.

Gibt es in deinem Leben auch solche Momente, wo du dich nach der Berechtigung des Hierseins hinterfragst? Du möchtest einen Grund fühlen, der dein Hiersein rechtfertigt oder erklärt, damit du einen Sinn darin erkennst, das Leben zu leben? Verstehst du mich vielleicht ein bisschen?

So verliebte ich mich in einen Mitschüler, der diese Liebe über zwei Jahre nicht erwiderte. Mein Selbstwert war immer schon eher schwach und so machten meine Schattenanteile mit mir, was sie wollten. Ich hielt es einfach aus, bis es dann irgendwann doch für kurze Zeit mit uns klappte. Die Traurigkeit, die sich dann wieder einstellte, als ich merkte, dass es ihm doch nicht so ernst war, wurde mein ständiger Begleiter. Wir beendeten die gemeinsame Schulzeit und ich versuchte zu vergessen.

Bis auf einen Abend im Juli, an dem wir eine Party feierten. Ich wurde gerufen, weil er anscheinend draußen auf mich wartete. Er wollte mich sprechen. Ich kann mich noch gut an das Gefühl erinnern, das sich in meiner Magengegend breit machte. Nebst einer fast nicht auszuhaltenden Übelkeit und Nervosität flammte sofort wieder die Hoffnung auf, dass er mich wiederhaben wollte.

Gab oder gibt es in deinem Leben auch einen Menschen, für den du dich ganz aufopfern würdest? Wenn ja, glaubst du, dass dies gesund ist, dass das Sinn macht? Ist es wirklich heldenhaft, wenn man für jemand anderen sterben würde? Was glaubst du?

Ich ging nach draußen. Danach ereignete sich eine Abfolge von Geschehnissen, die nicht mehr nachzuvollziehen sind. Wir redeten kurz ein paar Minuten, worauf wir uns dann umarmten und verabschiedeten. Ich wollte ihn zu mir nach Hause schicken, wo er es nahe gehabt hätte, aber er entschied es anders. Am nächsten Morgen klingelte das Telefon. Ich hatte noch nicht wirklich viel geschlafen. Meine Mama war am anderen Ende und teilte mir mit trauriger Stimme mit, dass meine große Liebe in den Morgenstunden bei einem Autounfall ums Leben gekommen war.

Ich kenne viele Menschen, die solche Tragödien in jungen Jahren miterlebten. Es ist immer unendlich traurig für die Hinterbliebenen, wenn Menschen so früh schon gehen. Hast du dazu auch Erfahrungen gemacht? Wie war das für dich? Wie hast du das verarbeitet? Was würdest du aus deiner Erfahrung jemandem raten, der so etwas erlebt?

So war das also. Dachte ich. Zu jung, um darüber nachzudenken? Oder vielleicht eher zu jung, um zu sterben? Die darauffolgenden Wochen und Monate waren erfüllt von Schmerz, Traurigkeit, Unverständnis, Enttäuschung, Wut, Hass und Hilflosigkeit. Ich wollte Antworten. Ich wollte wissen, wieso das mein Gott, zu dem ich betete, zugelassen hatte. Wieso er gerade ihm und auch mir das antun musste. Ich machte mir schwere Vorwürfe, dass ich es hätte verhindern können. Ich wäre gerne an seiner Stelle gegangen, nur um den Schmerz nicht zu fühlen, den seine Familie jetzt fühlen musste. Ich schämte mich. Ich hatte versagt. Gedanken, auch zu gehen, machten sich breit. Suizidgedanken.

Wenn du ganz ehrlich mit dir bist, gab es auch Momente in deinem Leben, wo du am liebsten sterben wolltest? Was passiert mit dir, wenn du dich daran erinnerst? Fürchtest du dich vielleicht auch ein bisschen davor, das zuzugeben? Dass diese Gedanken schon mal da waren? Mir macht es manchmal Angst. Dann erinnere ich mich aber wieder daran, dass ich mich bewusst dagegen entschieden habe, mein Leben selbst zu beenden und eine große Dankbarkeit macht sich dann breit.

Eines Nachts, als ich mich wieder einmal in den Schlaf weinte, befand ich mich in einer Art Trance, wo ich wie in einem Halbschlaf gefangen war. Ich war irgendwie da und doch konnte ich nicht ganz aufwachen. Da spürte ich plötzlich eine Energie an meinem Rücken. Ich konnte ihn riechen. Ich nahm wahr, dass er seine Arme um mich schlang und mich an sich drückte. Er tröstete mich. Anfangs machte es mir Angst, dieses Gefühl, dass er wirklich da sein könnte. Sein Geist oder was auch immer es war. Doch dann half es. Ich beruhigte mich. Ich konnte entspannen und schlief ein.

Diese Begegnungen erfolgten dann immer wieder. Eigentlich genau so lange, bis ich stabil war. Die Gedanken an den eigenen Tod waren weg und die Schuldgefühle unter den Teppich gekehrt. Ich hatte das Leben wieder einigermaßen im Griff. Kontrollierte mich so gut es ging und verdrängte die weiteren Fragen, die diese Erfahrungen aufwarfen.

Kontrolle war von da an bei mir Pflicht und tief in meinem System verankert. Frag dich doch einmal, wo du dich in deinem Leben kontrollierst und was hinter dieser Kontrolle steckt. Kannst du auch fühlen, wo diese Kontrolle gar nicht notwendig und es viel einfacher wäre, wenn du einfach dem Leben vertrauen könntest?

Ein Jahr später ein weiteres Drama. Meine Freundin stürzte beim Wandern in den Schweizer Bergen ab. Einfach so. In Sekunden mitten aus dem Leben gerissen. Eine großartige, tiefgründige, überaus liebenswerte und lebensfrohe Seele war einfach nicht mehr da. Warum? Warum? Warum? Ich hatte keine Antwort. Wenn ich mich in den Fragen verlor, hatte ich das Gefühl, komplett durchzudrehen.

In dieser Zeit begann meine bewusste Suche nach dem Sinn des Lebens. Ich las viele Bücher über Buddhismus, Taoismus und ZEN. Holte mir Lektüre von bekannten Persönlichkeitstrainern und Zitate von großen Weltenlehrern wurden meine ständigen Begleiter. Positive Thinking praktizierte ich, so gut ich es konnte, wusste aber immer schon, dass dies auch nur ein weiteres Mosaikteil in dem großen gesellschaftlich geprägten Gedankenmuster ergab, das zu noch mehr Unverständnis führte. Der Glaube, nicht zu genügen, nicht zu erfüllen, nicht lebensfähig zu sein, war schon längst kreiert.

Da war es wieder. Dieses Schuldgefühl. Wenn ich es nicht endlich schaffe, positiv durch die Welt zu gehen, nicht mehr traurig zu sein ... Ich machte mir ständig Selbstvorwürfe. Ging immer sehr hart mit mir selbst ins Gericht. Kennst du das vielleicht auch von dir? Wie streng bist du mit dir selbst und wie viel tolerierst du im Gegensatz dazu bei deinem Gegenüber? Sind wir nicht alle einfach Menschen, die Fehler machen und daraus lernen dürfen und geht es gar nicht darum zu richten? Wie hört sich das für dich an?

Eine neue Erfahrung prägte mich, als meine beste Freundin aus Kindheitstagen ihren Vater verlor. Zarte zwanzig Jahre jung waren wir und niemand rechnete damit. Ein neues Kapitel kam hinzu. Was, wenn meine Mama stirbt? Was, wenn mein Papa stirbt?

Auch in meinem eigentlich sehr sorgenfreien Jahr als herumjettendes Flight Attendant in ganz Europa zog ich sie alle an. Die mit den Geschichten über das Leben und Sterben. Ich traf auf das Flight Attendant, dessen Bruder bei einem Flugzeugabsturz ums Leben kam. Das Flight Attendant, das in den Walliser Bergen aufwuchs und in der Blüte von achtzehn Jahren schon sechs Schulfreunde auf tragische Weise verloren hatte und lernte das Flight Attendant kennen, das einen Flugzeugbrand überlebte. Und jede dieser Geschichten brachte mir eines: den Zugang zu wahrer Intimität zwischen mir und diesen Menschen. Den Zugang, sein Herz gegenüber dem Herz eines anderen Menschen zu öffnen. Die Möglichkeit, sich zu zeigen. Verletzlich zu sein.

Darf ich dich fragen, wie gerne du dich verletzlich zeigst? Lässt du wirklich und wahrhaftig Intimität zwischen dir und deinen Liebsten zu oder tust du dich vielleicht schwer damit? Ich glaube, dass wir alle, die einen mehr und die anderen vielleicht weniger, aus Gründen von Selbstschutz und der Angst, verletzt zu werden, oft auf eine wahrhaftige Öffnung gegenüber dem Außen verzichten. Vielleicht hilft uns da auch der Überlebensinstinkt, der uns vorgaukelt, dass wir etwas zu verlieren hätten, wenn wir uns wahrhaftig zeigen, wie wir sind.

Und eine weitere Geschichte bahnte sich an. Zu dieser Zeit ereilte mich in meinen Ferien auf Zypern die Nachricht vom Tod eines Freundes. Wieder ein liebgewonnener Mensch. Wieder ein tragischer Unfall. Wieder ein Verlust. Wieder die Frage, ob ich es hätte verhindern können. Wieder ein Begräbnis sondergleichen. So viel Trauer. So viel Unverständnis. So viel Verzweiflung. Wie konnte man so etwas auf Dauer nur aushalten, fragte ich mich. Wo blieb da die Gerechtigkeit?

Alte Menschen, krank, betagt, lebensmüde, dürfen nicht gehen. Und diese jungen Menschen müssen, ohne es zu wollen.

Fragst du dich manchmal auch, wieso ältere Menschen manchmal Monate oder Jahre ausharren müssen, obwohl sie schon längst sterben möchten und junge Menschen werden mitten aus dem Leben gerissen? Kann man hier überhaupt von einer Gerechtigkeit sprechen oder ist es einfach das Mysterium des Lebens, das uns hier widerfährt?

Mein Leben nahm seinen Lauf und weiterhin begleitete mich die Suche nach dem Sinn des Lebens. Nun ja, wenn man von dem einen Sinn überhaupt sprechen kann, denn irgendwann dämmerte es mir, dass es vielleicht so viele Sinne geben könnte, wie es Menschen auf dieser Erde gibt.

Durch die Geburt meiner drei Kinder veränderte sich noch mal alles. Kontrolle, was wirklich eins meiner Talente ist, war nicht mehr möglich. Im Gegenteil. Das pure Chaos war ausgebrochen. Hormone, Gefühle, Höhen und Tiefen wirbelten mein Inneres auf. Und bei all der Liebe wurde ich fast wie vom Blitz getroffen wieder mit der Frage der Fragen konfrontiert. Was, wenn ich meine Kinder jemals überleben würde? Wenn mir das Allerliebste auf der Welt genommen würde? Wie und wer konnte so ein Schicksal aushalten?

Und dann wollte ich es genau wissen. Ich suchte nach einer Möglichkeit, mich in einer Gruppe mit dem Tod auseinanderzusetzen. Ich erkannte, dass ich das Opfer meiner Selbst war und nichts und niemand im Außen mir diesen Kampf abnehmen konnte. Täter gab es nämlich keine, wenn ich ganz ehrlich war. Gott konnte ich schon lange nicht mehr dafür verantwortlich machen und auch niemand anderes war schuld.

Ich wurde zu einer Frau geführt, die eine Ausbildung „Medium für Jenseitskontakte" anbot. Innerhalb eines Jahres würden wir in Modulen erarbeiten, wie man Jenseitskontakte durchführt und unsere jeweiligen Hellsinne schulen. Eine geheimnisvolle Reise begann. Und das Schönste war, dass ich mich plötzlich verstanden fühlte. Da gab es Menschen mit denselben Fragen. Die ähnlich fühlten und ähnliche Erfahrungen gemacht hatten. Plötzlich wurde ich nicht mehr belächelt, wenn ich erzählte, dass mir ein Vogel begegnete und ich wusste, dass einer meiner Verstorbenen ihn geschickt hatte. Alle diese Zeichen, diese Art von Kommunikation, war für uns einfach selbstverständlich.

Kennst du auch diese Zeichen, die dir im Alltag begegnen und du weißt einfach intuitiv, dass dein Verstorbener zu dir spricht? Oder verstehst du vielleicht überhaupt nicht, dass man daran glauben kann? Ich verstehe beide Seiten. Ich habe mich aber dafür entschieden, diese Zeichen für wahr zu befinden. Aus dem einfachen Grund, weil sie mir guttun. Weil sie mich in gewisser Art und Weise immer wieder heilen.

Gemeinsam lernten wir, nach einem Schema einen Jenseitskontakt herzustellen, ihn sinngemäß durchzuführen und wieder zu beenden. Obwohl wir uns an den Leitfaden hielten, zeigten sich die einzelnen Charaktere und ihre ganz ureigene Art, in diese Verbindung zu treten. Die einen sahen vor ihrem inneren Auge Bilder, die anderen fühlten über ihren Körper und wenige wussten einfach intuitiv, was sie übersetzen mussten. Bewertung hatte keinen Platz. Kontrolle schon gar nicht. Tränen der Erkenntnis, der Freude, der Dankbarkeit und der Demut über das, was wir gegenseitig erfahren durften, flossen und reinigten unsere Seelen.

Ich erkannte, dass ich in der Lage war, mit dem Sterben Frieden zu schließen. Dass es möglich wäre, die Antworten offen zu lassen und dem Lauf des Lebens zu vertrauen. Ich war mir sicher, dass es nicht das Ende war. Dass es weitergehen wird, in einer anderen Form. Die Zeit nach dem Kurs war geprägt von einzelnen Jenseitskontakten, die sich meist sehr spontan ergaben. Natürlich schlugen mir auch Zweifel und Verachtung entgegen, dass ich überhaupt davon ausgehen konnte, diesen Draht zum Jenseits zu haben. Bestimmt gab es auch solche, die mich für verrückt hielten und es heute noch tun.

Kannst du mir glauben, dass du auch dazu fähig bist, einen Jenseitskontakt herzustellen? Würdest du es denn gerne können oder macht dir das Angst?

Sterben ist ein Tabuthema. Viele können und wollen nicht darüber sprechen. Die wenigsten Menschen sind bereit, sich ohne Grund mit dem eigenen Tod auseinanderzusetzen. So fand ich es ratsamer, mich zurückzuziehen und zukünftig nicht mehr zu viel zu diesem Thema preiszugeben. Der Gedanke, die Menschen zu überfordern, ihnen zu viel zu sein, ließ mich ein Stück weit aufgeben.

Infolge dieses kontrollierten Wegschließens meines Lebensthemas stürzte ich mich in Ausbildungen in energetischen Heilmethoden. Wenn ich schon nicht mit Toten kommunizieren sollte, wollte ich doch wenigstens den Lebenden helfen. Von Reiki bis hin zu Auratechnik durchlief ich diverse Kurse und startete meine Selbstständigkeit. Der Antrieb dazu war bestimmt der Wunsch, Menschen zu helfen, aber die damalige Grundlage bildete leider ein großes Schattenthema. Ich wollte etwas wert sein. Mein Lebensthema holte mich ein.

Haderst du auch manchmal mit deinem Wert? Verfügst du über einen gesunden Selbstwert oder machst du dich oft klein und bleibst lieber ruhig und bescheiden, als für deine Wahrheit einzustehen? Ist es dir wichtig, was andere über dich denken oder stört es dich nicht und du lebst einfach dein Leben?

Natürlich erkannte ich das lange nicht und setzte meine ganze Energie dazu ein, dieses Konstrukt, das ich selbst erschaffen hatte, aufrechtzuerhalten. Ich behandelte Menschen, die zu mir kamen und versuchten, ihre Selbstverantwortung an mich abzugeben. Aber um keinen Preis der Welt hätte ich ihnen das so aufgezeigt. Die Angst war zu groß, dass ich dann plötzlich allein dagestanden wäre. Ich dachte wieder, ich hätte versagt. In diesen ganzen Jahren starben immer wieder Menschen aus meinem Umfeld. Die einen schon in fortgeschrittenem Alter, die anderen leider auch jünger. Beerdigungen waren und sind für mich schwierig, weil ich es nicht lassen kann, in einem Tränenmeer zu versinken. Heute weiß ich aber auch, dass ich diese Tränen nicht nur für mich weine. Ich weine sie für uns alle. Im Sterben werde ich verletzlich. Im Thema Sterben liegt der Zugang zu meiner Intimität.

Parallel dazu zeigte sich auch ein weiterer Abschnitt, der mich viel Mut kostete. Ich öffnete mich endlich dem Schamanismus. Immer schon faszinierte mich indigenes Wissen, doch hielt mich der Glaube davon ab, da ich doch so gar nicht schamanisch wirkte. Meine Glaubenssätze erzeugten meine damalige Wahrheit.

Gibt es auch Dinge, die dich eigentlich total interessieren würden oder von denen du angezogen bist, die du dir selbst nicht erlaubst, weil du glaubst, dass es nicht zu dir passt oder du es nicht kannst? Erkennst du dich hier wieder, dass du dich manchmal selbst einschränkst, obwohl es dafür eigentlich keinen Grund gibt? Traue dich. Hör auf dein Bauchgefühl und folge deinen Träumen. Ich wünsche es dir sehr.

Der Weg in den Schamanismus war harzig (schwierig). Schnell begegneten mir die Schamanen oder schamanisch Praktizierenden, die selbst in Schattenthemen steckten und diese auf mich projizierten. Sie vermittelten mir, falsch zu sein. Das waren die wohl größten Lehrer überhaupt. Ohne dass sie das vielleicht wussten, aktivierten sie in mir die Kriegerenergie. Zwar zuerst noch zaghaft, aber doch beständig blieb ich dran. Im Stillen ging ich meinen Weg.

Mit jedem Tod, den ich auf den schamanischen Reisen starb, kam ich mir selbst wieder näher. Dieser Weg führt zur Erkenntnis, dass das Leben aus einer höheren Warte betrachtet werden muss. Wenn wir uns nur immer im Menschsein befinden, können wir den Blick nicht weit machen, wie der Adler in hohen Lüften. Dann bleibt unserem Menschenauge verwehrt, was der Geist zu erfassen vermag. Wenn wir nur mit den Menschenohren hinhören, dann sind wir taub für das eigene Seelenlied und vermögen nicht, wie die Fledermaus, die Töne dazwischen zu hören. Wenn wir immer nur an das glauben, was unser Verstand erfassen kann, dann werden wir uns nie wie die Seehunde an den Sternen orientieren und die Schwellen zur Anderswelt übertreten.

Krafttiere sind meine ständigen Begleiter. Ich nehme sie auch bei den Menschen wahr. Sie sind meine Übersetzer und sprechen die Sprache, die den Menschen in seinem Innersten berühren. Hast du auch einen Zugang zu Krafttieren oder würdest du gerne mit ihnen arbeiten? Sie erfahren und in dein Leben integrieren? Ich sage dir, sie sind eine große Bereicherung.

Die Reise in die Welt des Schamanismus zeigte mir wie keine andere auf, dass es essentiell ist, sich von den Vorstellungen, wie wir zu sein haben, zu lösen, um das werden zu können, was wir wirklich sind. Er lehrt mich, meiner Intuition, meinem Bauchgefühl zu vertrauen. Er weist mich an, mich immer wieder zu reflektieren und nie zu vergessen, dass nur in der Veränderung wirkliches Wachstum geschehen kann. So ist irgendwann eben auch das Leben zu Ende gelebt und braucht zum weiteren Wachstum das Sterben.

Wenn wir den Lärm im Außen verlassen und in die Stille kehren, sind wir empfänglich für Antworten. Das Mysterium des Lebens könnte sein, es einfach zu leben. Mit all seinen Facetten. Die Erfahrungen im Körper ankommen lassen, spüren und wieder entlassen. Geburt – Leben – Tod. Immer wieder.

Was fühlst du bei diesen Worten? Erkennst du hier auch eine Wahrheit für dich? Sie würde mich sehr interessieren.

Meine Aufgabe ist einfach. Die Erkenntnis vermitteln, dass es immer Wege gibt. Und eines meiner größten Anliegen ist, dass der Weg Freude macht. Und zur Erfahrung der Freude gehört eben auch das Pendant des Leids. Denn nur wer in der Dualität die eine Seite erfährt, ist imstande, die andere Seite zu erfassen.

Viele unserer Gefühle sind menschengemacht. Entstehen aus dem Fundament von Gedanken- und Glaubensmustern und begrenzen den Mensch in seinem Sein. Das dürfen wir erkennen und durchbrechen. Es ist eine Art Meisterschaft, die man doch zeitlebens wohl nie ganz erreichen wird. Denn darum geht es gar nicht. Es geht nicht um das Ziel oder irgendwo anzukommen. Ich glaube, es geht um den Weg. Den einzigartigen Weg, über den Tod hinaus.

Aho. In tiefer Liebe und Verbundenheit dem Dies- und Jenseits gegenüber.

Sarah Tschirky-Gassner
Coach

Mein Name ist Sarah Tschirky-Gassner und ich komme aus einem sehr ursprünglichen, autofreien Ort namens Quinten in der Schweiz. Dort am anderen Ufer vom Walensee lebe ich gemeinsam mit meinen drei Kindern, meinem Mann und unseren Tieren.

Ich bin ein Tausendsassa, enorm breit interessiert und liebe es, Neues zu entdecken. Das Thema Sterben begleitet mich mein ganzes Leben. Die erste Lebenshälfte war geprägt von viel Trauer, Aufarbeitung und Annahme. Seit ein paar Jahren spüre ich, dass ich all diese Erfahrungen des Loslassens, der Kraft, Neues zu beginnen, gerne mit der Welt teilen möchte.

Ich bin überzeugt, dass wir alles erreichen, alles werden und alles sein können, was wir uns wünschen. Dafür müssen wir aber bereit sein loszulassen.

Gerne helfe ich dir dabei.

Kontakt:
www.sarah-tschirky.ch
Tel. +41 795667728
saritali@bluemail.ch

„Ich darf traurig sein.
Ich darf mir meine Trauer anschauen.
Ich darf den Grund dafür erfahren.
Alles ist gut und alles darf sein.
Ich bin richtig, so wie ich bin."

Mirjam Hauptfleisch spricht mit dir über
die „Herbstnebeltrauer", die Trauer, die wie
ein Schleier über einem Leben hängt.
Sie taucht mit dir tief ein und lässt dich
dein Licht und deine eigene Liebe
wieder spüren.

Mirjam Hauptfleisch

Herbstnebeltrauer – Wenn Trauer dein Leben begleitet

Da war sie wieder. Eine alte Bekannte. Unbemerkt kam sie näher. Wie ein aufziehender Herbstnebel, der sich heimlich, still und leise über die Landschaft legt. So legte sich die Trauer über mich. Seit langem einmal wieder.

Woher sie kam? Wohin sie wollte? Warum zeigte sie sich gerade jetzt? Fragen über Fragen. Fragen, die ich mir erst stellen konnte, nachdem ich die Trauer wahrgenommen hatte. Da sie wie eine alte Bekannte für mich war, wurde mir ihr Dasein erst nach einigen Tagen bewusst. Die feinen Nebeltropfen, die mich umgaben, machten mich traurig, einsam, abgespalten von meiner Umwelt, hoffnungslos, müde und erschöpft, voller Angst. Die Tropfen waren so dicht aneinander, dass ich außer ihnen nichts anderes sehen konnte. So blieb ich inmitten des Nebels stehen. Reglos, starr, hilflos.

Wahrgenommen habe ich meine Seelenlage erst, als sich eine Hand in Form eines Gespräches durch die Nebelwand schob. Sie nahm behutsam meine Hand und führte mich aus dem dichten Nebel heraus. So weit, bis ich den Nebel als solchen erkennen konnte. Da standen wir beide, meine Gesprächspartnerin und ich, und beobachteten den Trauernebel.

Da standen wir nun und schauten uns den Trauernebel an. Ich war immer noch ratlos. Woher kam immer diese Traurigkeit? Ich hatte keinen Menschen oder Tier verloren. Keine Trennung oder Krankheit kreuzten meinen Weg. Nichts was mich über längere Zeit völlig aus der Bahn geworfen hätte. Ich bin im Allgemeinen sehr resilient und ziehe aus nahezu allem ein Goldnugget.

Und doch, seit ich denken kann, begleitete mich diese Trauer und Traurigkeit. Sie schien wohl zu mir zu gehören. Sie war ja schon immer da. Doch an diesem Tage sollte sich mein Bewusstsein komplett ändern. Und der Begriff der Lebenstrauer trat in mein Leben. Wie in einem Uhrwerk gingen nun die Räder ineinander. Ich war atemlos und fassungslos ob der Offensichtlichkeit des Ursprunges meiner Lebenstrauer. Da musste ich vierzig Jahre alt werden, um den Nebel zu lichten.

Ich bin dieser helfenden Hand heute noch sehr dankbar und in diesem Heilungsprozess wurde ich noch von weiteren heilenden Händen begleitet.

Bevor ich dir mehr und Tieferes über die Lebenstrauer berichte, möchte ich noch ein wenig mehr von meiner Geschichte erzählen.

Die wundervolle helfende Hand und ich saßen in einem gemüt-
lichen Wohnzimmer und schauten uns den Nebel an. Sie fragte
mich, was ich dabei fühlen würde. Ich versuchte es ihr zu
beschreiben. Bis dahin fehlten mir die richtigen Worte und ich
hatte auch Angst, davon zu erzählen, da ich augenscheinlich
keinen Grund zur Trauer habe.

Ich fasste mir ein Herz und begann ihr meine Wahrnehmung
und meine Gefühle mit der Trauer zu erzählen. Bis dahin
hatte ich für die Beschreibung meiner gefühlten Trauer eine
Comic-Figur genutzt. Ein Charakter aus der Comic-Reihe
Peanuts. Linus, ein kleiner, knuffiger Kerl. Und Linus trägt
immer und überall eine Schnuffeldecke mit sich herum. So
fühlte ich meine Trauer. Immer da, mal mehr und mal weni-
ger präsent. Aber immer da. Die Schnuffeldecke, meine Trauer,
loszulassen wäre mir nicht in den Sinn gekommen, da ich diese
Decke schon immer festhielt und das gar nicht bemerkt hatte.

Mich fragte meine helfende Hand, ob ich denke, dass es
meine Trauer wäre, die ich wellenförmig immer wieder spürte.
Darüber hatte ich noch nie nachgedacht. Ich weiß als Thera-
peutin, dass viele Muster, Glaubenssätze und Gewohnheiten
nicht die eigenen sind, sondern übernommen oder erlernt. Bei
mir kam ich nicht auf diese Idee. Ich antwortete, dass ich bis-
lang davon ausgegangen bin, dass es meine Trauer sei, aber
wenn sie mich so fragte, dann wahrscheinlich nicht. Mir war,
als ob ein Krake in meinem Kopf herumschwirrte. Viele Tentakel
versuchten nach Antworten zu greifen. Was sah ich nicht?
Kaum war eine Antwort da, flutschte sie weg. Mein Verstand
ließ es nicht zu, mein Herz sprechen zu lassen.

Im Nachhinein verstehe ich meine Verstandesreaktion. Ich begab mich auf ungewohntes Terrain und war dabei, meine ausgetrampelten Pfade zu verlassen. Ein unsicheres und ängstliches Gefühl kroch in mir empor.

Die helfende Hand sah mein Ringen und bat mich sanft, nochmals in den Nebel zu schauen. Ich ahnte langsam, um wen es ging. Wessen Trauer ich trug. Aber das konnte und durfte nicht sein. An diese Stelle wollte ich auf keinen Fall hinschauen. Der Krake in meinem Kopf verstrickte sich immer mehr im Nirgendwo meiner Gedanken. Alle Grenzen waren aufgelöst.

Sie blickte mich wissend an und ich wagte auszusprechen, wessen Trauer ich schon so lange trug. Ein leises „Meine Mama" kam über meine Lippen. Insgeheim hoffend, dass ich mich irrte. Da war es ausgesprochen und die beiden Wörter schwebten zwischen uns in der Luft. Auweia. Jetzt war es raus. Bullseye. Mittenrein ins Herz.

Die beiden Worte schwebten weiter zwischen uns und lösten sich nicht auf. Klar und deutlich konnte ich sie sehen. Ich brauchte Zeit. Zeit zum Atmen. Zeit zum Begreifen, dass ich von einer Sekunde auf die andere einen neuen, noch nie begangenen Weg betreten hatte.

Der Krake in meinem Kopf hielt inne und begann langsam, seine Verstrickungen zu lösen. All die Jahre trug ich die Trauer meiner Mutter. Wie konnte das geschehen? Warum hatte ich es nicht bemerkt? Warum hatte ich mir diese Trauer zu eigen gemacht? Wie kam diese Verbindung zustande? Welche Aufgabe stand für mich dahinter? Zwischen die Unsicherheit und Angst mischten sich Neugier und Aufbruchsstimmung. Ich war bereit, tiefer zu tauchen.

An dieser Stelle lade ich dich von Herzen ein, mit mir in die Herbstnebel-(Lebens)-Trauer einzutauchen. Meine Geschichte darf uns dienen, die aufgekommenen Fragen, die Hintergründe, verschiedene Heilungs- und Transformationswege näher zu beleuchten und den Weg durch die Lebenstrauer zu erhellen.

Wessen Trauer wird häufig übernommen?

Sehr häufig wird die Trauer der eigenen Mutter übernommen. Jede Frau hat in der Zeit rund um eine beginnende Schwangerschaft ihre ganz eigenen Lebensumstände. Und bis dahin ihre eigene erlebte Schwangerschaft, ihre Kindheit, ihr Erwachsenwerden und ihr Erwachsensein. Sie hat Prägungen aus ihrem Elternhaus erfahren, Muster übernommen oder kreiert, Glaubenssätze gelebt.

Viele Muster, Glaubenssätze und Gewohnheiten werden von Generation zu Generation weitergegeben. Und jede Generation steht mit ihrer Zeitqualität vor ganz besonderen Herausforderungen.

Über viele Jahrhunderte hinweg mussten Frauen Unterdrückungen, Argwohn, Schmerz, Gefahr und Tod ertragen. Die Wunde im Kollektiv ist noch vorhanden. Ich nehme wahr, dass Frauen, die in den 1970ern geboren wurden, die ersten Frauen sind, die die Kraft haben, viel alten Schmerz in der Frauenlinie zu heilen. Die Kriegsgeneration und die darauffolgende Generation waren noch sehr mit den Traumata dieser Zeit zugange und mit dem schieren Überleben.

Wir, diese Frauen, dürfen viele Wunden der Vergangenheit heilen und den Weg für lichtvolle Generationen frei machen.

Die Wunde des Kollektivs und die Lebenssituation einer jeden einzelnen Frau bewegen ihre Seele zum Zeitpunkt einer möglichen Schwangerschaft.

Lebt die angehende Mutter in schwierigen Umständen oder in einer liebevollen Umgebung? Steht ihr ein Partner zur Seite oder wird sie alles allein bewältigen müssen? Ist die Schwangerschaft gewollt oder nicht? Welche Hoffnungen und Träume hat diese Frau von ihrem Leben? Konnte sie ihren Beruf und ihren Partner frei wählen oder wurde sie Teil einer nicht gewollten beruflichen Familientradition oder wurden ihr ihre Träume schlichtweg verboten?

Ich denke, du siehst, dass die Umstände rund um ein beginnendes neues Leben einen großen Einfluss auf den neuen Erdenbürger haben. Und dieser kleine neue Erdenbürger ist diesem Geschehen nicht hilflos ausgeliefert. Auch hier greifen verschiedene Anteile ineinander.

Ich bin überzeugt, dass Kinder sich ihre Mütter und Väter aussuchen. Jeder Mensch, der auf diese Welt kommt, hat eine Aufgabe, die er erfüllen darf. Um diese Aufgabe erfüllen zu können, suchen sich die kommenden Kinder das Umfeld aus, wo sie wirken können. Das geschieht zu einem Zeitpunkt, an dem die Konzeption noch nicht geschehen ist. Jeder Mensch kommt mit einzigartigen Fähigkeiten zum richtigen Zeitpunkt auf unsere Erde. Jeder Mensch hat Bestimmungen und Aufgaben zu erledigen. So kann eine noch ungeborene Seele sich für bestimmte Eltern entscheiden, da sie Fähigkeiten mitbringt, die sie in ihrer Familie entsprechend entfalten kann und auch muss.

Um in der Familie wirken zu können, bedarf es manchmal Vereinbarungen. Vereinbarungen, Deals, die zwischen Kindern und ihren Müttern geschlossen werden. Deals, die zum Zeitpunkt der Empfängnis notwendig waren, um das neue Leben in die Welt zu bringen. So kann es geschehen, dass Kinder Themen ihrer Mütter annehmen, um die Mutter seelisch zu entlasten und ihr so die Kraft und Möglichkeit geben, sich um das Kind kümmern zu können. Es können die verschiedensten Themen wie Schuld, Scham und Angst übernommen werden und eben auch Trauer.

Meine Seele hat gewählt, in welche Familie sie hineingeboren werden möchte. Ich wurde in ein Elternhaus voller Polaritäten geboren. Ein Elternteil war ein Optimist, der andere Elternteil ein Pessimist. Der eine war strukturiert und organisiert und der andere ein Freigeist. Der eine Teil war Alkoholiker, der andere Teil hat gerettet und kaschiert. Du kannst dir denken, dass ich viele ausgleichende und diplomatische Fähigkeiten mitgebracht habe. Und ich wurde dafür mit viel Erdung gepaart mit Freiheitsliebe ausgestattet.

Meine Mutter war beruflich, nicht gewollt, in einen Familienbetrieb eingebunden und diesem trotzdem sehr stark verbunden. Ihre Träume waren andere. Die Welt erobern und raus aus der ländlichen Umgebung. Sie hat die Liebe ihres Lebens getroffen und geheiratet. Und sie wurde schnell nach ihrer Hochzeit schwanger. So gerne hätte sie die Zweisamkeit mit ihrem Mann, meinem Vater, noch länger genossen. Ein Familienleben leben, eine Partnerschaft leben, die im Elternhaus so nicht möglich war. Und dann kündigte ich mich an, mitten im Konkurs meines Vaters.

Drücken wir für einen Moment die Stopp-Taste und beobachten die Szenerie aus einem anderen Blickwinkel. Mitten in finanziellen und menschlichen Turbulenzen kündigt sich neues Leben an. Leben, das mit seinen Fähigkeiten und seiner zu erfüllenden Aufgabe genau in diese aufgewühlte Zeit hineinmöchte. Und dafür bedarf es manchmal gewisser Vereinbarungen zwischen Mutter und Kind, um das Leben von beiden zu sichern.

Wie kann Lebenstrauer entstehen?

Die Annahme der Trauer eines anderen Menschen ist keine bewusste Entscheidung. Diese Entscheidung läuft unbewusst und verborgen ab. Es geht zu einem bestimmten Zeitpunkt um das Überleben der Mutter und des Kindes. Überleben ist ein starkes Wort und ich möchte es näher erklären. In diesem Kontext geht es um das Überleben des Kindes, dass man sich um es kümmert und sorgt. Und bei der Mutter um das seelische Überleben.

Stelle dir bitte folgendes Bild vor: Mutter und Kind sitzen gemeinsam an einem Verhandlungstisch. Beide sind sich bewusst, dass sie einen Vertrag miteinander geschlossen haben. Der Vertragsschluss ist unumstößlich. Jetzt geht es um die Ausgestaltung des Vertrages. Wer erfüllt was? Welche Aufgaben sind zu verteilen? Wer bekommt Aufgaben, die er nur notwendigerweise übernimmt? Wer übernimmt das, was übrig ist und keiner will? Sind die Rollen am Verhandlungstisch ausgewogen und auf Augenhöhe oder nicht?

Du lachst vielleicht, weil dieses Bild aus der Geschäftswelt so gar nicht zu dem Wunder der Menschwerdung passt.

Und vielleicht findest du auch, dass es diesem Wunder auch den Zauber nimmt. Diesen Zauber möchte ich auch nicht zerstören, habe ich ihn doch selbst dreimal genießen dürfen.

Ich möchte dir zeigen, dass wir unserem Leben nicht ausgeliefert sind, sondern dass wir es aktiv gestalten und formen können. Auch dann, wenn wir in einer unbewussten Zeit Prägungen erfahren und Verträge geschlossen haben, die uns nicht erinnerlich sind. Und genau da leuchte ich mit meinem Scheinwerfer hin. In den Nebel der Lebenstrauer hinein. Ich möchte sie zeigen, ans Licht und in die Mitte des Lebens holen. Damit wir sie, ihre Botschaft und uns besser verstehen können. Damit wir uns heilen können und somit unsere Vorund unsere Nachfahren auch.

Zurück zum Verhandlungstisch. Da sitzen nun beide. Mutter und Kind. Die Mutter mit all ihren Prägungen und Gefühlen. Das Kind mit seinen Fähigkeiten und seiner Bestimmung. Es ist klar, dass das Kind auf die Erde kommt, es dort auf Hilfe, Unterstützung und Kümmern angewiesen ist, um überleben zu können. Ich möchte die Väter an dieser Stelle nicht vergessen. Auch er sitzt mit am Verhandlungstisch und bringt sich selbst mit allen Anteilen ein. Auch mit ihm können Kinder Deals abschließen, um ihn zu entlasten oder eine Aufgabe, die über Generationen hinweg nicht gelöst wurde, aufzulösen.

Die Mutter ist hin- und hergerissen zwischen Leben empfangen und jetzt nicht. Und an dieser Stelle beginnt der Deal. Das Kind übernimmt einen Teil, den die Mutter nur schwer tragen kann. Es nimmt ihn, um der Mutter den Raum zu schaffen, dass sie sich um das Kind kümmern kann. Dass sie die Kraft dazu hat und sich ihrerseits um einen schwerwiegenden Anteil nicht mehr kümmern muss.

Es wird ein Vertrag in einer und für eine spezielle Lebenssituation geschlossen. Das Vertrackte an diesem Vertrag ist, dass es kein Enddatum dafür gibt. Pacta sunt servanda. Verträge sind zu erfüllen. Auch wenn sich die Rahmenbedingungen im Lauf der Zeit ändern und geändert haben.

Wann ich diesen Vertrag mit meiner Mutter geschlossen habe, kann ich nicht sagen, da er aus einer Zeit ohne bewusstes Bewusstsein stammt. Sie wünschte sich Kinder, jedoch nicht zu diesem Zeitpunkt. Ich weiß, dass sie sehr traurig über viel nicht gelebtes Leben war und vermutlich wog diese Trauer so schwer, dass ich diese für sie übernommen habe. Es war wohl die Zeit, dass ich auf diese Welt kommen sollte und um mein Überleben zu sichern, nahm ich den Anteil von meiner Mama, der am schwersten wog. Ihre Trauer. Diesen Anteil habe ich zu mir genommen, damit sie freier leben konnte. Und so habe ich auch die letzten vierzig Jahre mit der Trauer meiner Mutter gelebt. Und ich habe es nicht gewusst.

Wie geschieht Leben mit der Lebenstrauer?

Diese Frage schauen wir uns Schritt für Schritt an. Du kannst auch andere Anteile, außer der Trauer, von deinen Eltern oder Ahnen übernehmen. Die unbewussten Mechanismen sind sehr ähnlich. Die Auswirkungen im Leben unterschiedlich, je nachdem welcher Anteil in das eigene System übernommen wurde.

Dadurch, dass dieser Vertrag in der dir nicht bewussten Zeit geschlossen wurde, nimmst du ihn nicht als fremd wahr, wenn du in dein bewusst denkendes Alter hineinwächst.

Du nimmst ihn nicht wahr, weil du ihn als Teil von dir betrachtest. Einen Teil, über den du gar nicht nachdenkst, ob er zu dir gehört oder ob er fremd ist. Denn diese Frage stellt sich erst gar nicht, weil es einfach so ist.

Die Auswirkungen auf dein Leben möchte ich dir mit einem Beispiel näherbringen. Stell dir vor, du läufst über eine wunderschöne Wiese. Verträumt schaust du dir die Blumen an und lässt deine Gedanken schweifen. Durch das üppig wachsende Gras übersiehst du eine Kuhle, direkt vor dir. Du trittst hinein und dein Knöchel knickt um. Es tut furchtbar weh und du humpelst die Zähne zusammenbeißend nach Hause. In den folgenden Tagen versuchst du, mit dem Schmerz und den Einschränkungen umzugehen. Du benutzt eine Gehhilfe, du belastest das andere Bein über die Maßen, du bittest andere, dir Dinge abzunehmen, weil du es zurzeit nicht kannst, du nutzt einen Rucksack, um die Arme freizuhaben. Und es kann sein, dass wenn der akute Schmerz weg und der Knöchel verheilt ist, manche Angewohnheiten bleiben. Eine veränderte Schrittweise, der Rucksack oder die Übertragung von Tätigkeiten an andere.

Übertragen wir das Beispiel auf den übernommenen Anteil. Es gibt den übernommenen Anteil in deinem System und du versuchst damit umzugehen. Der Zeitpunkt des Vertragsschlusses entspricht der Akutphase des Knöchels. Du spürst den Schmerz und richtest dein Tun danach aus. Das geschieht verborgen im Unbewussten. Mit dem Erwachen deines Bewusstseins ist der akute Schmerz vergangen und die Gewohnheiten sind geblieben. Du hast deine Lebensweise rund um diesen Anteil angepasst. Deine Reaktionen auf gewisse Situationen und Personen. Du hast Gewohnheiten und Muster entwickelt, Glaubenssätze etabliert. Du denkst, sie gehören zu dir. Diese Lebensweise ist deine eigene Lebensweise. Du wunderst dich manchmal darüber, aber nimmst es als gegeben hin. Du hast auch keinen Anlass, daran zu rütteln.

Was heißt das für die Lebenstrauer? Der Traueranteil ist in deinem System integriert. Die schmerzhafte Phase fand im Unbewussten statt. Im bewussten Leben prägt sie deinen Alltag. Dein Tun richtet sich danach aus, dass es der Person, deren Trauer du übernommen hast, gut geht. Da wir hier den Fokus auf unsere Mutter legen, beschreibe ich es dir konkret.

Du warst als kleines Kind schon sehr angepasst. Du hast zwar immer mal wieder versucht auszubrechen, aber die Trauer deiner Mama zu sehen, galt es zu vermeiden. Deine Pubertät fiel weitestgehend aus. Nicht körperlich, sondern im Sturm-und-Drang-Sinne. Dein Ausleben und Ausprobieren haben nur in eng gesteckten Grenzen stattgefunden. Du bist nur so weit gegangen, dass du deine Mama nicht zu sehr gefordert hast, sodass sie gut mitgehen konnte. Vielleicht hast du auch in der Beziehung deiner Eltern Aufgaben übernommen, die nicht die Aufgaben eines Kindes gewesen sind. Vielleicht hast du immer wieder die Streitigkeiten deiner Eltern ausgeglichen. Vielleicht hast du auch die Rolle des Partners deiner Mama eingenommen, weil dein Papa diese nicht oder nur teilweise ausgefüllt hat. Mit dem Einnehmen von Teilen der Vaterrolle hast du Trauer von deiner Mama ferngehalten und sie selbst getragen. Ebenso wie das Nichtleben der pubertären Rebellenzeit.

Du hast dich selten außerhalb der Grenzen bewegt. Außerhalb oder innerhalb welcher Grenzen? Diese Grenzen hast du dir selbst gesteckt. Grenzen, um deinen Vertrag zu erfüllen. Die Grenzen, die deine Bedürfnisse wahren dürften, sind ganz eng und nah bei dir gesteckt, denn sie würden sich mit den Grenzen überschneiden, die du für das Nahekommen von anderen Menschen gesteckt hast. Und um die Trauer der anderen zu tragen und zu halten, müssen sie nahe an dich herankommen.

Ich denke, du ahnst, wie sich diese äußerst eng gesteckten Grenzen auf dein Leben auswirken können. Sie sind so nah an dir dran, dass sie kaum gesehen werden. Von dir nicht und von anderen auch nicht.

Durch diesen Vertrag mit deiner Mutter und den entwickelten Mustern, Prägungen, Gewohnheiten und Glaubenssätzen hast du diese Verhaltensweisen auch auf andere Beziehungen übertragen. Du hast bei deinen Freund*innen immer geschaut, dass es ihnen gut geht. Du hast deine Bedürfnisse in den Hintergrund gestellt, um die der anderen zu erfüllen. Und vermutlich hast du dir diese Art von Menschen auch in dein Leben gezogen. Menschen, die sich in ihrer Bedürftigkeit von dir angezogen fühlen, weil sie spüren, dass du sie auffängst und ihnen hilfst. Auch wenn sie mit Alltagsproblemen zu dir kommen, steht dahinter, dass sie ihre Trauer in ihrem Lebensgefüge nicht so sehr spüren müssen. Und du springst aufgrund deiner erlernten Muster und Gewohnheiten voll darauf an. Denn die Trauer anderer Menschen zu übernehmen, das kannst du. Es erfüllt dich mit Zufriedenheit, denn es ist deine – vermeintliche – Aufgabe.

Und doch fühlst du dich nach diesen Kontakten wie ausgelaugt und ausgesogen. Du bist erschöpft, müde und traurig. Da du ein sehr empathischer Mensch bist und in dem Gespräch all deine Fähigkeiten zur Hilfe und Unterstützung eingebracht hast, bleibt danach die Trauer übrig. Diese Trauer ist eine Mischung aus der Trauer des anderen, die er dir gegeben hat und die du angenommen hast, und deiner eigenen Trauer. Die Trauer darüber, dass deine Probleme und Themen nicht gesehen wurden.

Denn auch du trägst Probleme und Themen in und mit dir. Und du hast nur ganz wenige Menschen, denen du davon erzählen kannst. Das kann mehrere Gründe haben:

- Du möchtest niemanden mit deinen Problemen belasten, da es deine Aufgabe ist, andere zu entlasten.

- Die Grenzen des anderen möchtest du nicht übertreten und kommst bereits viele Meter davor zum Stehen.

- Wenn du von dir zu erzählen beginnst, findet dein Gegenüber eine Möglichkeit zum Einhaken und dreht das Gespräch zu sich hin. Deine Themen bleiben ungehört und die des anderen werden besprochen.

Daraus können sich manipulative, fast schon co-abhängige Beziehungen entwickeln.

Durch den eingegangenen Vertrag mit deiner Mama hast du nicht gelernt, deine eigenen Grenzen kennenzulernen. Du hast sie stattdessen eng gesetzt, möglicherweise aufgeweicht und durchlässig gemacht, sodass du deinen Vertrag erfüllen kannst, um die Trauer der anderen anzunehmen.

An dieser Stelle kommt noch eine andere Komponente ins Spiel. Eine äußerst raffinierte Komponente. Dein Ego meldet sich an dieser Stelle. Über die Jahre hinweg hat dein Ego gelernt, mit diesem Vertrag umzugehen und sich das Positive daran herauszuziehen. Denn es braucht Nahrung in Form von Bestätigung, um die Muster und Glaubenssätze lebendig zu halten. Nichts ist dem Ego fremder als Veränderung und Neues. Das würde bedeuten, dass es sich auf fremdes Terrain begibt, raus aus der Komfortzone. Hinein ins Unbekannte. Und dort könnte ja allerhand lauern. Und davor hat das Ego Angst.

Und so kann es sein, dass dein Ego Ängste und Angstgefühle entwickelt, um nicht aus der Komfortzone herauszumüssen. Welche Ängste? Ängste aller Art. Die Angst, andere zu verletzen, die Angst, sich in seiner vollen Größe zu zeigen, die Angst, nicht gut genug zu sein, die Angst, nicht geliebt zu werden, die Angst, nicht gewollt zu sein. Diese Ängste engen ein und korrelieren stark mit deinen selbst gesetzten Grenzen. Ängste zu zeigen und zu leben ist gesellschaftlich mehr anerkannt, als zu trauern. Ängste kann man verstehen oder eben nicht. Trauer macht hilflos. So kaschiert die Seele die Lebenstrauer, ohne dass wir es bemerken.

Das Ego schafft mit seiner Arbeitsweise ein echtes Dilemma und genau darin liegt die Chance der Erkenntnis, weil hier die Wahrnehmungen aufeinanderkrachen und für Aufruhr im System sorgen.

Was macht das Ego also? Es ist in Habachtstellung. Es hält Ausschau nach Menschen, die der Hilfe und Unterstützung bedürfen. Es beobachtet, wie weit die Not und das Drama der Menschen gehen. Ab einem gewissen Punkt lässt es dich in Erscheinung treten und Signale der Unterstützung aussenden. Diese Signale sind überwiegend passiver Natur, sodass du diese Menschen zu dir heranziehst. Und jetzt bist du im Spiel. Du nimmst dich der Person an, gern oder ungern, und hilfst, wo du kannst. Wenn die Mission erledigt ist, dann ziehst du dich wieder zurück und reflektierst. Und an dieser Stelle nimmst du das Dilemma wahr. Du bist einerseits erfüllt von der geleisteten Hilfe und freust dich über deine Fähigkeiten, Problemberge zu zerteilen und aufzudröseln, und auf der anderen Seite bist du völlig erschöpft und wunderst dich, warum du so tief in den anderen eingetaucht bist, ohne es zu wollen.

Dein Ego zieht daraus seinen Selbstwert und seine Selbstbestätigung. Doch das hält nur für kurze Zeit. Für längere Zeit bleiben die Erschöpfung und die Trauer. Die unbewusste Herbstnebeltrauer.

Über viele Jahre habe ich die Lebenstrauer gelebt. Mir waren die ganzen Mechanismen nicht bewusst. Und auch heute darf ich mich immer wieder daran erinnern, um nicht unbewusst in die alten Strukturen zu rutschen. Trotz meines Wissens von heute. Und hier darf ich milde mit mir sein. Ich darf geduldig und standfest sein, um diese sehr alte Gewohnheit zu ändern. Denn sie war lange Zeit in mir verankert und es taucht immer mal wieder eine Verankerung auf, die ich noch lösen darf.

Dadurch, dass ich keine Geschwister habe, habe ich mit meinen Eltern wie in einem Dreieck gelebt. Und wir haben die Positionen immer wieder getauscht. Es war nicht immer so, wie es in seiner natürlichen Form sein sollte. Die Eltern stehen hinter dem Kind. Durch den pränatalen Deal mit meiner Mama habe ich mich oft an ihre Seite gestellt, um die Rolle meines Vaters zu kompensieren. Ich bin abends in die Kneipe rein und habe meinen Papa dort herausgeholt, weil er auf mich gehört hat. So habe ich die Trauer von meiner Mutter ein Stück ferngehalten. Auf der anderen Seite habe ich berufliche und finanzielle Dinge nur mit meinem Papa besprochen, da ich meine Mama nicht damit belasten wollte, da sie mit den Familienfinanzen stark gebeutelt war. Meine Pubertät ist quasi ausgefallen. Ein paar alkoholische Ausbrüche mit dreizehn und ein paar amouröse Abenteuer mit über zwanzig. Dazwischen habe ich funktioniert. Die Schule flutschte gut und ich war in einer langjährigen Partnerschaft aufgehoben. Und auch ich dachte, dass das alles so okay ist und so sein muss. Ich wollte niemanden, schon gar nicht meiner Mama, einen Anlass zur Trauer geben.

Ich habe sie liebend gerne genommen. In der Abizeitung steht sogar drin, dass „sie jedem Einzelnen zuhören kann, egal was dieser auch für uninteressantes Zeug erzählt". Meinem Ego hat das mächtig gut gefallen. Meiner Seele weniger, denn ich war oft traurig und bin gerne in den Rückzug gegangen. Ich dachte, so funktioniert mein Leben und die Bestätigung der guten Zuhörerschaft gab mir Selbstvertrauen.

Wie kann ich mich aus der Lebenstrauer lösen?

Wenn ein Stein ins Wasser geworfen wird und die Wasseroberfläche trifft, dann spritzt es und die Harmonie der Oberflächenspannung wird durchbrochen. Der Stein sinkt und bleibt am Grund des Gewässers liegen. Und was geschieht an der Oberfläche? Der Einschlag hat eine ganze Kaskade von Wellenbewegungen ausgelöst. Die Kreise ziehen immer weiter und größer hinaus. Kreise in alle Richtungen. Ausnahmslos. So geschieht Leben mit Lebenstrauer. Ein geschlossener Vertrag, der am Grunde deiner Seele liegt, zieht weite Kreise in deinem Leben. In jede Beziehung strahlen sie hinein und wirken sich aus. Wenn du dir dessen bewusst bist, dann kannst du beginnen, diese Kreise zu durchbrechen und zum Grunde des Gewässers zu tauchen und den Stein zu bergen.

Ein großer Anteil, die übernommene Lebenstrauer zu heilen, ist das Wissen darum. Das Erkennen des Vertrages und seiner Auswirkungen. Mehr ist meist für den Anfang nicht zu tun, denn das ist erst einmal genug. Wie du zu dem Wissen und dem Erkennen gelangt bist, kann ganz unterschiedlich sein.

Sehr häufig bist du schon ein Wegstück mit zum Beispiel Ängsten oder der Herbstnebeltrauer gegangen. Du hast nach Antworten und Ursachen gesucht. Vielleicht bist du den Weg allein oder mit Hilfe gegangen oder eine Mischung daraus. Bitte achte hier gut auf dich und spüre für dich, ob dir eine Begleitung guttäte. Jemand, der den sich öffnenden Raum für dich hält, damit du ganz mit dir sein kannst, und dich auffängt, falls es nötig sein sollte.

Möglicherweise hat auch deine Seele so laut gerufen in Form von zum Beispiel Panikattacken oder Erschöpfung, dass du gezwungen warst, auf dich und dein Leben zu schauen. Egal auf welche Weise du erkannt hast, dass du einen fremden Traueranteil in dir trägst, darfst du dir Zeit dafür nehmen.

Stell dir einen Berg vor. Einen massiven Berg mit einer breiten Basis und einer zulaufenden Spitze. Im Bild des Berges steckt viel Symbolkraft für deinen Heilungsweg. Die breite Basis ist tief verwurzelt in der Erde und aus ihr hervorgegangen. In der Höhe des Berges liegt der Über- und Weitblick mit der nötigen Distanz. Manch Themenbrisanz relativiert sich. Die Begehung des Berges bringt mit jedem Schritt neue Blickwinkel und Sichtweisen. Manche Passagen sind leicht begehbar, manche laden zum Kraxeln ein. Es gibt immer mehrere Möglichkeiten höher zu gehen. Bis zu dem Punkt, an dem Freiheit und die Verbindung zum Himmel offenbar sind.

Mit der Erkenntnis deiner Lebenstrauer hast du die ersten Meter des Berges bestiegen. Du hast einen Überblick, dass du einen Vertrag mit deiner Mutter abgeschlossen hast. Ich würde fast sagen, das ist einer der wichtigsten Schritte zur Heilung. Du erkennst im Kern, an der Basis, was deiner Trauer zugrunde liegt. Das erfordert eine Rast. Du beginnst zu erkennen, welche Bedeutung dieser Vertrag für dein Leben hatte.

Du wirst vielleicht wütend auf dich und deine Mutter oder du wirst noch trauriger, wenn du siehst, welche Wege du ohne diese Trauer hättest gehen können. Oder du bist wie erstarrt, weil dich die Erkenntnis lähmt. Alles was sich hier zeigen mag, darf gesehen werden und geschehen. Es ist wahrscheinlich das erste Mal, dass du Gefühle wie Wut und Enttäuschung in dieser Intensität erlebst. Sei nicht erschrocken darüber, sie dürfen sein.

Du sitzt immer noch in der Nähe am Fuß des Berges und kannst dieses Gefühlsunwetter über dich hinwegziehen lassen. Trauere über den Vertrag, trauere über dein nicht gelebtes Leben, trauere über die späte Erkenntnis. Sei wütend, tobe, schreie, weine. Sei still, atme, sei. Heiße alle Gefühle willkommen, lausche ihrer Botschaft. Notiere, was dir wichtig erscheint.

Wenn dieser Sturm vorübergezogen ist und du die klare Luft einatmest und dich mit ihr füllst, kannst du die nächsten Schritte den Berg hinaufgehen. Die neugewonnene Höhe verschafft dir einen weiteren Überblick. Schau dir an, welches Wissen dir der Sturm gegeben hat. Spür in dich hinein, wie du das Gewesene annehmen und anerkennen kannst. Ehrlich und wahrhaftig anerkennen und annehmen. Die Zeit der unbewussten Verträge und Deals ist vorbei. Du hast erkannt, dass du einen Anteil von deiner Mama übernommen hast. Dieser Anteil ist bei dir zu viel und bei deiner Mama zu wenig. Mit dem Lösen des Vertrages heilst du euch beide gleichermaßen. Das Lösen des Vertrages kann unterschiedlich gestaltet sein. Wenn es dir wichtig ist und möglich, dann suche das Gespräch mit deiner Mama. Überlege dir diesen Schritt gut, denn es kann sein, dass sie deine Beweggründe und deine Denkweise nicht verstehen kann.

Du kannst den Vertrag und die Trauer auch energetisch lösen und zurückgeben, ohne dass es ein direktes Gespräch gibt. Du kannst hier aus einer Vielzahl an Möglichkeiten auswählen. Prüfe diese Möglichkeiten und wähle das Passende für dich aus. Du kannst im Rahmen einer Familienaufstellung die Bande lösen oder auch in einer schamanischen Sitzung. Auch eine kinesiologische Sitzung, Ahnenarbeit, Naturcoaching oder ein Channeling können es sein. Vielleicht möchtest du auch einige Herangehensweisen kombinieren. Manchmal genügt auch die pure Entscheidung, den Vertrag jetzt zu lösen. So ist es, wenn Schüler ihren Meistern entwachsen, um selbst Meister zu sein.

Schau dir auch an, an welchen Stellen dir die Trauer dienlich war. Hattest du vielleicht sogar Vorteile daraus? Haben die Ängste oder die Trauer dich vor manchen Situationen und Aktionen geschützt? Auch das darf anerkannt werden. Gerne darfst du dich dafür bedanken, dass die Trauer und die Angst da waren und dir helfen wollten, aber du jetzt einen anderen Weg gehen möchtest und sie sich ausruhen dürfen. Den Weg der Eigenverantwortung und der Liebe.

An dieser Stelle möchte ich dich ermuntern, dich selbst anzuerkennen. Dass du dich auf den Weg gemacht hast, um deiner Lebenstrauer zu begegnen und sie zu lösen. Lass dir Zeit. Nimm dir Zeit.

Wenn du bereit bist, dann gehe wieder ein Stück den Berg nach oben und blicke dich um. Durch die gewonnene Höhe siehst du jetzt manche Dinge in einem anderen Blickwinkel und deine Klarheit nimmt zu. Spüre in dich, ob du bereit bist zu vergeben. Deiner Mutter und dir. Diese Vergebung macht das Geschehene nicht rückgängig oder negiert es.

Diese Art von Vergebung erkennt die Umstände und Gegebenheiten deiner Lebenstrauer an, den Vertrag von dir und deiner Mutter. Es durfte so sein. Der Groll und die Wut dürfen gehen, die Liebe darf bleiben. Genieße den Zustand der Vergebung. Viel Last darf an dieser Stelle gehen. Last, die dich im Weitergehen belasten würde.

Mit leichterem Gepäck gehst du weiter den Berg hinauf. In deinem Tempo. Erblicke nun, wie die Lebenstrauer mit all ihren Mustern und Glaubenssätzen deinen Alltag beeinflusst hat. Nimm immer nur so viel an und wahr, wie du genau jetzt bereit bist zu lösen. Die Konsequenzen sollen dich nicht überfordern. Vielleicht erkennst du Freundschaften und Beziehungen, die deine Grenzen nicht gewahrt haben oder deren Grenzen du jetzt neu setzen möchtest. Dadurch können Freundschaften und Beziehungen auch enden. Das ist neu für dich und fühlt sich ungewohnt und auch unschön an. Das ist ein Zeichen dafür, dass du deine Komfortzone verlässt und deine Bedürfnisse speist.

Nimm und lass dir wieder Zeit. Solche Schritte verlangen Zeit. Und manchmal geht es zwei Schritte nach oben und wieder einen zurück. Du hast den Hauptwanderweg verlassen und ebnest dir deinen eigenen neuen Weg. Das dauert, aber du wirst merken, dass du keinen anderen Weg mehr gehen möchtest außer deinen eigenen Weg den Berg hinauf.

Du bist nun so weit den Berg hinaufgegangen, dass sich der Nebel gelichtet hat. Deine Lebenstrauer hat sich Schritt für Schritt gewandelt. Du ahnst, was der Weg zum Gipfel an Aussicht und Licht für dich bereithält. Mit der Tatsache, dass du dich deiner Lebenstrauer angenommen und sie Stück für Stück geheilt hast. Durch deinen Weg in die Veränderung hast du deinem Umfeld auch die Möglichkeit zur Veränderung gegeben.

Mit dem Begehen des Berges hast du viel Altes und Belastendes abgelegt und dich unabhängig von anderen gemacht. Das Wissen um deinen Umgang mit der Lebenstrauer macht dich stark und resilient für mögliche andere Themen. Du bist mutig deinen Weg gegangen, ohne zu wissen, wo er dich hinführt. Du hast dich deinen Ängsten gestellt, deine Trauer gefunden und sie geheilt. Umarme dich liebevoll für deine Großartigkeit.

Mein Weg durch die Trauer ging einige Zeit. Nachdem ich erkannt hatte, was unter meinen Ängsten lag (davon hatte ich bislang noch gar nicht berichtet), war ich schon fast erleichtert. Von einem Vertrag mit meiner Mama kam meine Trauer. Okay, na dann los. Ich war wütend und sorgenvoll. Wütend auf meine Mama, wie konnte sie nur. Bis ich erkannte, dass ich der andere Vertragspartner war und eingewilligt hatte. Voller Sorge, wie ich jetzt mein Leben leben soll, ohne immer in Habacht zu sein. Sollte ich jetzt ein grobschlächtiger oder unsensibler Mensch werden? Ich atmete lange. So ein Nonsens, warum sollte ich meine Empathie verlieren? Ich blieb, die ich war, nur eben anders. Ich habe meiner Mama vergeben und mir auch. Wir hatten beide unsere Gründe, den Vertrag zu schließen. Und jetzt, wo sich die Rahmenbedingungen geändert hatten, habe ich ihn gelöst. Mithilfe einer Mischung aus schamanischen Reisen, meinen Ahnen und einigen Aufstellungen. Ein Vertragsschluss benötigt zwei übereinstimmende Willenserklärungen, eine Kündigung nur eine. So steht es im HGB. Und so habe ich es getan. Ich habe mich gelöst und wir beide, meine Mama und ich, hatten ab da die Chance, anders zu leben. Und zwar mit leichterem Gepäck. Bei mir wurde mein beruflicher Weg klarer und die Art, wie ich als Therapeutin arbeiten möchte. Einige Freundschaften haben es nicht geschafft und in meiner Partnerschaft bin ich noch mehr mit meinem Ich angekommen. Keiner hat gesagt, dass es einfach wird, aber ich will nie und nimmer zurück. Danke, Leben.

Da war sie wieder. Eine alte Bekannte. Liebevoll nehmen wir uns nun in den Arm. Umgeben von Licht, Bewusstsein und Erkenntnis. Dankbar, dass wir uns gesehen und wahrgenommen haben. Fragen gibt es keine mehr, nur Annahme, Liebe und Dankbarkeit.

Mirjam Hauptfleisch

Heilpraktikerin und Loslass-Coachin

Ich bin Mirjam Hauptfleisch und lebe mit meiner Familie im Südwesten von Deutschland. Mein Herz schlägt für meine Arbeit als Heilpraktikerin, Loslass-Coachin und meinen Onlineshop „Toni trauert – Trauergeschenke". Ich unterstütze und begleite Menschen, die an Übergängen in ihrem Leben stehen. Vom Teenageralter ins Erwachsenwerden, im Erwachsenenleben sich selbst zu finden und von Glaubenssätzen und Mustern zu lösen, Trauerphasen zu durchschreiten und das Leben neu und anders zu entdecken. Das Alte passt nicht mehr und das Neue ist unbekannt. Und in dieser Zwischenwelt liegen unzählig viele Möglichkeiten und Chancen, das Leben für sich zu entdecken, das man leben möchte.

Meine Gabe ist es, zwischen den Welten zu wechseln. Ich beobachte, sehe und nehme das Augenscheinliche wahr und gleichzeitig lese ich zwischen den Zeilen, höre zwischen den Worten und fühle mein Gegenüber. Ich arbeite mit Hypnose, dem Familienbrett und Gesprächstherapie. Wenn ich den Impuls erhalte, lasse ich zusätzlich die Karten springen, beziehe die Ahnen und die Anderswelt mit ein. Jedes Gespräch ist anders, weil jeder Mensch anders ist und andere Unterstützung braucht. Darin liegt für mich die Erfüllung meiner Arbeit, Menschen zu begleiten.

Kontakt:
www.mirjamhauptfleisch.com
www.tonitrauert.de
Tel. +49 162 1008369

„Welchen Weg du auch gehst,
welche Entscheidungen du auch triffst,
es wird immer dein Leben bleiben.
Dein Leben, welches du in
deinen Händen hältst."

Wolfgang Winderl nimmt
dich mit auf seine Reise.
Eine Station davon ist der Tod seines Vaters.
Eine andere Station ist seine Freiheit.
Vieles liegt oft sehr dicht beieinander.
Vieles hat seinen Preis.
Doch wir wählen. Immer.

Wolfgang Winderl

Der Tod als Start

Heute weiß ich, es gibt eine äußere Welt und eine innere Welt. Die äußere Welt, die kennen wir alle sehr gut, wir können sie und die Dinge darin sehen und anfassen. In dieser äußeren Welt können wir tun und handeln und sind davon überzeugt, dass wir Ergebnisse und Reaktionen mit unserem Tun und Handeln erwirken.

Es gibt auch eine innere Welt, diese wird durch Vorstellung und Fantasie erlebbar. Eine Welt mit unbegrenzten Möglichkeiten. Jeder von uns kennt diese Welt, jedoch misst jeder von uns dieser Welt einen anderen Stellenwert bei. In meiner Geschichte erzähle ich, wie ich als Kind noch Zugang zu meiner inneren Welt hatte und über die Jahre diese innere Welt immer weniger wahrgenommen hatte. Ihr keine Bedeutung mehr gab.

Erst mit dem plötzlichen Tod meines Vaters, ich war schon knapp vierzig Jahre alt, kam ich schicksalhaft mit dieser inneren Welt wieder in Kontakt, ähnlich einem sanften und doch bestimmten Erinnern.

Meine Suche nach mir und den tieferen Zusammenhängen begann. Im übertragenen Sinn war der Tod meines Vaters für mich der Start in ein neues Leben.

Allein die Vorstellung, die äußere Welt könnte lediglich ein Spiegel der inneren Welt sein, klingt für mich wie ein Abenteuer. Ein Abenteuer, welches meinen Blick auf das Leben komplett verändert hat und immer noch verändert.

Alles braucht seine Zeit.

Dunkelheit um mich herum

Ich erinnere mich in den letzten Wochen öfter an eine Phase in meiner Kindheit, in der mich nachts vor dem Einschlafen wiederkehrend ein bestimmter Gedanke beschäftigte. Es scheint mir so, als würde diese Erinnerung nach mehr als vierzig Jahren Abwesenheit einfach so wieder auftauchen. So als stupse mich jemand in mir, um mir zu sagen: Alles war schon immer in dir, du hattest dich nur davon entfernt. Und es ist gut, dass du wieder zurückkommst, es ist die richtige Zeit dafür.

Ich weiß nicht mehr genau, wie alt ich war. Vielleicht fünf Jahre. Ich lag zur Schlafenszeit im Bett und das Licht war schon aus. Dunkelheit, auch wenn ich die Augen öffnete, war alles schwarz um mich herum. Tiefschwarz, die Rollläden waren ganz geschlossen, nichts wäre auch nur schemenhaft zu erkennen gewesen. Und ich versuchte nicht einmal, etwas erkennen zu können. Ich gab mich ganz der Dunkelheit hin. Unheimlich und doch auch nicht. Da war etwas, das mir Angst einflößte, vielleicht die Schwärze, in der ich unendlich fallen und nie wieder auftauchen könnte.

Dennoch erschien mir die Dunkelheit nicht bedrohlich und ich fühlte ebenso eine Sicherheit. Sicherheit, dass ich behütet und beschützt war. Ja, ich hatte, und auch das wird mir erst heute wieder bewusst, einen Schutzengel. Und jetzt beim Schreiben, da wird mir bewusst, diesen Schutzengel habe ich auch heute noch. Dieses Bewusstsein um meinen Schutzengel schien mir viele, viele Jahre abhandengekommen zu sein. Damals gab es keinen Zweifel in mir, mein Schutzengel passte auf mich auf, das war so sicher wie das Amen in der Kirche. Heute kann ich mich dieser Einfühlung wieder vorsichtig nähern, es bedarf des tiefen Glaubens und Vertrauens, dass es so ist. Auch diese Art von Vertrauen scheint mir viele Jahre abgetaucht gewesen zu sein.

Der Gedanke, der mich in der Dunkelheit beschäftigte, war eher eine Frage: Was wäre, wenn es mich nicht gäbe? Wäre es dann ebenso dunkel wie jetzt oder noch dunkler? Was wäre, wenn mich meine Eltern nicht auf diese Welt gebracht hätten? Wo wäre ich dann, was würde ich mitbekommen? Ich konnte mir nicht vorstellen, wie das sein sollte. Was war, bevor ich geboren wurde, und wenn ich auf einmal nicht mehr auf der Welt wäre, wer würde dann mein Leben leben? Würde ich gar nichts mitbekommen, ist das Zufall, dass ich hier bin oder bin ich immer hier? Ich verstand die Fragen selbst nicht und fand dazu auch keine Antwort, die mich aus diesem Gedanken- und Fragenkarussell befreit hätte.

Implizit glaube ich heute zu verstehen, dass ich ganz schön nahe dran war. Wenn ich nicht hier in diesem Körper auf der Erde bin, dann bin ich woanders. Und auch heute bedarf es eines Loslassens von einer gewollten Vorstellung, weil es für mich mit dem Denken nicht befriedigend erfassbar ist, dieses „Woanders".

Vielleicht eine kindliche philosophische Auseinandersetzung mit dem eigenen Sein, dem Leben und der Existenz des eigenen „Ich". Vielleicht hat das jedes Kind? Auch das weiß ich nicht. Ich hatte meine nächtlichen Erlebnisse in der Dunkelheit nicht mitgeteilt, nicht meinen Eltern und auch nicht anderen Kindern.

Es gab also zwei Welten. In der Welt, die jeden Morgen mit dem Erwachen zum Leben erweckt wurde, gab es meine Eltern, Spielsachen und Kinder, mit denen ich diese Welt entdeckte und den Tag erlebte. Und mit dem Schlafengehen betrat ich im Dunkeln eine andere Welt. Eine Welt, in der meine Eltern, die Spielsachen und die anderen Kinder wie für mich bereitgestellte Requisiten erschienen. Hier schienen andere Kräfte zu wirken, Kräfte, die tagsüber nicht in Erscheinung traten. Da war ich für mich, in der Schwärze, die unendlich zu sein schien. Außer mir war nichts mehr da. Und doch war ich voller Ehrfurcht und Demut in dieser Welt. Diese Welt war größer, mächtiger und wirkungsvoller … und in dieser Welt ging es um mich! Das spürte ich.

Meine äußere Welt

Über die weiteren Jahre verblassen meine Erinnerungen an die Erlebnisse in dieser Welt, die ich heute als meine innere Welt bezeichne. Ich verlor die Verbindung in diese geheimnisvolle Welt mehr und mehr. Nicht von heute auf morgen, es war eher ein schleichender Prozess, ähnlich dem Austrocknen eines Tümpels.

Vielleicht war es auch der Ernst des Lebens, der mit der Schule begann und bestimmt nicht nur durch die Schule an mich als „Ernst" herangetragen wurde. Dabei möchte ich es in dieser Geschichte mal mit dem Ernst des Lebens belassen, der bei mir Einzug hielt. Ich bin mir sicher, dass ich dies zur gegebenen Zeit in einer eigenen Geschichte zum Ausdruck bringen werde.

Mit Schule, Ausbildung, Studium ... und zuletzt im Job erlebte ich mein Dasein mehr und mehr im Außen. In der äußeren Welt, da gibt es Probleme, und gegen Probleme kann man etwas tun. Zumindest war das meine Interpretation der Zusammenhänge. Ob das Lernen für gute Zensuren und Ausbildungen ist, mit Fleiß und Anstrengung geht es voran und „man" kommt weiter. Ansehen ist wichtig. Für Ansehen und Wohlstand muss man etwas tun. Besser als die anderen sein, das bringt einen voran. Den Erwartungen von anderen, von Institutionen wie Schulen oder Arbeitgebern, von der Gesellschaft, kurzum, den Erwartungen im Außen entsprechen ...

Genau das war als junger Erwachsener mein Glaube vom Leben. Und so allgemeingültig wie oben geschrieben, dachte ich auch, dass das für jeden Menschen so sei. Daran hätte ich nicht gezweifelt. Im Leben gibt es Probleme und dagegen kann ich etwas tun. Wenn mir das gelingt, dann bin ich gut. Wenn das jemand nicht so sieht und erkennt, dann hat der eben das Leben nicht verstanden. Das Leben funktioniert so, so überlebe ich, so kann ich dableiben.

Die ersten beruflichen Erfolge stellten sich schon bald ein. So bestätigte ich mir selbst meine damalige Sicht auf die Welt als richtig. Haus, Auto, Karriere, Geld ... ich führte ein Leben im Außen, getrieben durch Leistung und Status. Ein Streben nach mehr, das nie ein Ende hat. Für meine Verhältnisse hatte ich es zu etwas gebracht! Ich funktionierte!

Ein Leben im Innen, mit spüren, fühlen und wahrnehmen, das kannte ich nicht oder nicht mehr. Ich hatte es vergessen! Oder hatte ich es gar verdrängt? Dass ich allein durch mein Sein schon gut und wertvoll sein könnte, ich hätte in dieser Zeit nicht verstanden, was damit gemeint sein könnte. Mein Leben war vom Tun und Funktionieren dominiert. Und so war auch mein Anspruch an meine eigene Familie, an meine damalige Frau und an meine drei Kinder. Und ich bedauere sehr, meinen Kindern in den prägenden jungen Jahren diese Weltsicht, dieses Lebenskonzept und dieses Wertesystem vorgelebt zu haben. In den letzten beiden Jahren gab es viele Momente, in denen ich mich dafür verurteilt hatte. Auch heute holen mich diese Momente gelegentlich ein, jedoch seltener und in anderer Form. Ich weiß, dass ich es damals nicht besser wusste, und mit meiner damaligen Begrenztheit der äußeren Welt mein damals mir Bestmögliches gegeben hatte. Ich kann annehmen was war und für heute eine bessere Wahl treffen.

Es geschah im Juni 2008

Der eine Tag im Juni 2008, ein Tag wie so viele andere damals auch, und doch einer, der so ganz anders verlaufen sollte. In diesem Jahr war ich neununddreißig Jahre geworden, beruflich fest eingespannt, glaubend, dass es ohne mich in der Firma nicht ginge und ich hatte was zu tun – viel zu tun. Ich wusste, wie diese äußere Welt, meine Welt, funktioniert und welche Hebel ich zu betätigen hatte. Ich kannte mich aus und hatte die Dinge im Job im Griff. In meinem Privatleben war das nicht der Fall. Ehekrise! Die Dinge nicht im Griff!

An diesem einen Tag im Juni 2008 wollte ich spätnachmittags gemeinsam mit meinem Chef zu einem geschäftlichen Termin nach Mailand fliegen.

Meine Eltern, mein Vater war im Ruhestand, genossen einen zweiwöchigen Urlaub auf Teneriffa und wollten in diesen Tagen wieder zurück sein. Mein Vater ging nicht so gerne auf Reisen. Gerade wenn es ins Ausland ging und auch das Fliegen, das war ihm eher etwas suspekt. Seit mein Vater erst im Vorruhestand und dann im Ruhestand war, gelang es meiner Mutter immer öfter, ihn zu der ein oder anderen Reise zu überreden.

Vormittags war ich im Büro, die gepackte Tasche für die Dienstreise im Auto, und hatte viel zu tun, schließlich war der Tag wegen der anstehenden Dienstreise sehr kurz. Unerwartet rief mich meine Mutter an diesem Vormittag an. Es behagte mir nicht sonderlich, wenn ich in der Firma private Anrufe bekam. Die Tätigkeit im Büro war wichtig, hier ging es ums Geschäft und ich hatte zu tun und zu kämpfen – tatsächlich wusste ich nicht mal, für was genau ich kämpfte. Es war so. Ich war der Ansicht, dass Privates bis zum Abend warten kann, außer in Notfällen oder unaufschiebbare Themen stünden an. Ich nahm dennoch ab und erlebte meine Mutter sowohl aufgelöst als auch gleichzeitig gefasst. Sie erzählte kurz, was geschehen war: *Sie* (meine Eltern) *wären heute Nacht von Teneriffa nach Hause geflogen und meinem Papa wäre es am letzten Tag, also gestern, nicht so gut gegangen. Er hätte sich schlapp und kraftlos gefühlt. Heute Morgen hätte er einen richtig kränklichen Eindruck gemacht. Fiebernd und keuchend, als hätte er eine schwere Erkältung. Sie wäre dann sofort zum Hausarzt mit ihm gefahren und der hätte nach kurzer Untersuchung meinen Vater mit dem Rettungswagen in das Krankenhaus nach Augsburg einliefern lassen. Verdacht auf Herzinfarkt! Ihr Erzählen war hektisch und gleichzeitig, so schien es mir, beruhigte sie sich selbst beim Erzählen. Sie schloss damit, dass mein Papa im Krankenhaus ein paar Untersuchungen habe und sie ihn dann am Nachmittag besuchen könne.*

Mein Hamsterrad begann an Geschwindigkeit abzunehmen, stand aber nicht ganz still. Und obwohl im Büro, war jetzt plötzlich Raum für andere Gedanken da. Dass jemals etwas Schlimmes passieren könnte – Krankheit, Unfall, Tod –, war mir zwar bewusst, gleichzeitig aber weit verdrängt. Bewusst, weil dies ständige Begleiter aus den Medien oder entfernterem Umfeld sind und verdrängt, weil ich nicht wahrhaben wollte, dass dies auch mich oder mein nahes Umfeld betreffen könnte. Ich glaube, dieses Verdrängen ist kein bewusster Akt, eher dass es einfach so geschieht, damit lebte ich leichter. In den weiteren Stunden verblasste diese Nachricht für mich wieder und der Tagesrhythmus hatte mich erneut weitestgehend im Griff. Gerade beim Schreiben kommt mir die Frage: Wer oder was hatte mich da im Griff?

Der „Griff" ist wie ein Automatismus in mir, der den Geschehnissen im Außen den Vorrang gegenüber jeglicher inneren körperlichen Bewegung und Wahrnehmung gibt. Diesen Griff kenne ich nur in der äußeren Welt.

Im Krankenhaus

Nachmittags auf dem Weg zum Flughafen München rief meine Mutter noch einmal an, jegliche Fassung war aus ihrer Stimme verbannt, blanke Sorge und Angst krochen verlangend durch das Telefon: Das Krankenhaus hätte bei ihr eben angerufen, der Papa müsse jetzt operiert werden. Pause. Sie würde dann telefonisch vom Krankenhaus informiert werden.

Für einen Moment drehte sich mein Hamsterrad nur noch in Zeitlupe, was vormittags noch nach Routine klang, erschien nun deutlich ernster. Eine Operation!

Der Griff des Tagesrhythmus war weg, dafür war ein kriechendes Gefühl des Unbehagens in meiner Magengegend. Die Gedanken drehten sich um die Szenarien der Zukunft. Ich hatte Angst. Alles um mich herum war leicht neblig. Auch fehlt mir die Erinnerung der folgenden Stunde bis zu dem Punkt, an dem ich für den Flug eingecheckt in der Boarding-Area saß. In wenigen Minuten sollte es in den Flieger gehen. Ich spürte etwas, das ich damals noch gar nicht so richtig einordnen konnte. So als wäre es jetzt nicht richtig wegzufliegen. Und das kam nicht aus meinem Kopf, eher als würde es aus meinem Körper in mir aufsteigen und immer lauter werden. Eine Stimme, die lauter wurde und doch keine Wörter sprach. Eine Stimme, die erst kaum wahrnehmbar und letztlich so klar in mir war, dass mein rationaler Verstand wie beiseitegeschoben und unwichtig erschien. Es war mir scheißegal, was mein Chef in dieser Situation von mir denken würde. Und es war das erste Mal, dass es mir im Job scheißegal war, wie es für mich ausging! Wichtiger Termin hin oder her. Ich konnte nicht fliegen, ich musste nach Hause – jetzt!

Ich flog also nicht. Fuhr mit dem Zug nach Augsburg zurück. Während ich im Zug saß, rief mein Bruder an: Das Krankenhaus hätte gerade angerufen, unser Vater sei während der Operation verstorben. Schock! ... Mein Hamsterrad stand nun still. Nichts mehr. Stille. Zwei unsichtbare Hände krochen von hinten, von mir unbemerkt, an mich heran, packten schnell und entschlossen zu, packten mich von hinten an den Fußgelenken und entzogen mir den Boden. Fallen. Und ich erinnere mich noch ganz klar an das wehklagende Aufheulen meiner Mutter, das ich im Hintergrund des Telefongespräches vernahm. Sie hielt das Warten auf den Anruf des Krankenhauses allein nicht mehr aus und war zwischenzeitlich zu meinem Bruder gefahren.

Nur schemenhaft erinnere ich mich an den weiteren Weg, der mich direkt ins Krankenhaus führte. Der Tod, eher verdrängt, weit weg, bisher nur andere betreffend, schlug unmittelbar ein. Direkt in meinem nächsten Umfeld. In meinem Elternhaus. Der Tod hatte sich meinen Vater geholt. Ohne Gnade und ohne Vorwarnung. Kein Zurück. Der Tod, der mich auf eine Bühne zerrte, ohne mich zu fragen, mir keine Wahl lassend.

Heute weiß ich, dass diese Bühne meine eigene Bühne ist, die Bühne, auf der mein Leben spielt, die Bühne, auf die ich tunlichst wieder zu kommen hatte, um die Hauptrolle in meinem Leben wieder auszufüllen.

Als ich im Krankenhaus ankam, bemerkte ich, dass ich seit der Todesnachricht immer wieder Folgendes dachte: Was war ich froh, nicht geflogen zu sein. Ich hätte es mir nie verziehen, wenn ich im Flieger gesessen hätte und in diesen schwierigen Stunden nicht da gewesen wäre. Erst Monate später wurde mir bewusst, dass diese innere Stimme, der ich in der Boarding-Area des Flughafens gefolgt war, das ist, was wir Intuition nennen. Und erst heute kann ich klar beschreiben, was Intuition für mich ist:

Intuition ... ein Wissen, das in meinem Körper
wohnt und keinen Zweifel hinsichtlich
richtig und falsch hat.
Nicht den geringsten, nullkommanull Zweifel.
Und Intuition hat nichts,
gar nichts mit dem Kopf zu tun.

Meine Wahrnehmungen am Totenbett

Am Informationsschalter des Krankenhauses wurde ich auf die Intensivstation verwiesen. Dort musste ich klingeln, hier öffnete sich die krankenhausüblich große Schwingtür nicht automatisch. Ich weiß nicht, ob es ein Pfleger oder eine Pflegerin war, die mir öffnete. Nachdem ich meinen Namen nannte, wurde ich sehr zart empfangen und vorsichtig in ein Zimmer geführt bzw. wurde mir die Zimmertür geöffnet, damit ich eintreten konnte. Das war kein Krankenzimmer. Viel kleiner, keine Möbel, ein nackter Raum – so meine Wahrnehmung. Wenn ich mich richtig erinnere, gab es in diesem Zimmer kein Fenster, das Licht war sehr gedämpft. An einer Wand hing ein Kruzifix. Ein Zimmer, das in der Intensivstation angesiedelt ist und nur diesen einen Zweck hat: Hier können die nächsten Angehörigen von einem auf der Intensivstation verstorbenen Patienten Abschied nehmen. Ich trat ein und hinter mir wurde leise die Tür von außen geschlossen.

Meine Mutter und mein Bruder waren schon da. Es befand sich nur ein Bett in diesem Zimmer. Meine Mutter stand schluchzend über dieses Bett gebeugt. Mein Bruder mit fassungslosem Ausdruck neben ihr. Ich trat zwei Schritte näher und konnte an meiner Mutter vorbeisehen. In dem Bett lag bis zum Hals zugedeckt mein Vater. Mein toter Vater.

In diesem Zimmer war es still, totenstill. In diesem Zimmer gab es meine äußere Welt nicht. In diesem Zimmer gab es keine Zeit, keine Hoffnung und keinen Mut. In diesem Zimmer gab es nichts zu tun, außer zu sein und wahrzunehmen.

In diesem Zimmer gab es kein „besser als andere" und auch kein „streben nach mehr". In diesem Zimmer gab es nur Stille, Bewusstsein, Wahrnehmung, Abschied und Trauerschmerz. Und Frieden!

Ich fand mich von geistigem Nebel umgeben, unecht, als erlebte das nicht ich, als wäre ich nur ein Beobachter dieser Szene. Ich glaube, ich fühlte nichts, ich war fassungslos und geschockt. Mein Vater hatte keine Vorerkrankung, mit seinen knapp siebzig Jahren war er gesund. Sein plötzlicher Tod traf wie ein Blitz aus heiterem Himmel.

Er lag da, einfach nur da. Sein Körper lag da. Ich erkannte ihn und doch auch nicht. So vertraut und doch so fremd. Sein Körper ohne Leben gab mir einen Hinweis auf ihn, doch ohne Leben war es nur sein Körper. In mir gab es einen Impuls, ihn zu berühren und gleichzeitig auch, das nicht zu tun. Das erste Mal in meinem Leben würde ich einen toten Menschen berühren. Ich berührte ihn. Diese Berührung war vertraut und gleichzeitig fremd. Heute vermag ich dieses „fremd" mit Worten zu erklären. Und das drückt so vieles aus, was das Leben ausmacht. Mein toter Vater gab keine Resonanz und keine Reaktion auf meine Berührung, keine Mimik, die sich veränderte, keine Augen, die meine Augen suchten und den Blick erwiderten, kein Zucken oder Ähnliches an der Stelle seiner Hand, die ich berührte. Wo war mein Vater? Hier war sein Körper ohne Leben. Nur die erkennbaren Schlauchenden, die bei seinem Hals unter den Bettlaken knapp zu sehen waren, zeugten von dem klinischen Ringen um sein Leben, das die Ärzte vor vielleicht gerade mal zwei oder drei Stunden verloren hatten.

Die Stunden vergingen, Gedanken des Nichtbegreifenkönnens und des Verstehenwollens gaben sich in meinem Kopf die Klinke in die Hand. Dazwischen immer wieder Erinnerungen an Situationen mit meinem lebenden Vater.

Ich sah auf meinen toten Vater. Ich glaube, fast jeder Mensch kennt diesen einen Spruch: „Das letzte Hemd hat keine Taschen." Und erst in diesem Moment verstand ich die gnadenlose Bedeutung dieses Satzes. Wie brutal hart und wahr dieser Satz ist. Ich sah also auf meinen Vater und erkannte: Papa, alles, und selbst wenn es dir noch so wichtig war, alles, wirklich alles lässt du da. Nichts, wirklich nichts nimmst du mit von dieser Welt. Auch nicht dein Haus, das du mit so viel Liebe gebaut hast, und nicht dein Auto, auf das du so stolz warst. Auf dieser Welt ist alles nur geliehen, nichts gehört uns wirklich. Besitz ist ein künstliches Wort aus der äußeren Welt.

Dann ein kurzer Augenblick, dennoch ausreichend, um damit den restlichen Verlauf meines Lebens zu verändern. Und das war kein Gedanke in meinem Kopf, ich weiß nicht woher, aber es kam zu mir: „Ich bin ja genauso! Lebe ich das Leben meines Vaters?" In mir fing es an zu rattern, ähnlich einer Morgendämmerung zogen die Fragen auf: „Habe ich die gleichen Vorstellungen, die gleichen Werte, die gleichen Ziele? Lebe ich das Leben meines Vaters? Und wenn ja, wer bin denn dann ich? Was ist denn mein Leben? Was gehört zu mir und was habe ich übernommen, was gehört nicht zu mir? Zu diesen Fragen hatte ich keine Antworten und so verblieb ich mit tiefer Irritation über mich selbst. Und obwohl dies so einschneidend für mich in diesem Moment war, sollten noch Jahre vergehen, bis ich mich wirklich mit den entscheidenden Fragen des Lebens auseinandersetzte:

„Wer bin ich? Warum bin ich hier?"

Erst mal verblassten diese Fragen bei mir wieder. Erst Jahre später begannen sie, Besitz von mir zu ergreifen.

Unglaubliches beim Arztgespräch

Es waren schon einige Wochen seit dem Tod meines Vaters vergangen. Wir suchten das Gespräch mit dem operierenden Arzt. Wir wollten verstehen. Vielleicht auch verstehen, um zu akzeptieren. Ich erinnere mich sehr gut an dieses Gespräch. Der Arzt war ein sehr sympathischer Mensch, der mit gutem Einfühlungsvermögen und einer Sprache, die wir verstehen konnten, erklärte, was passiert und wie es aus medizinischer Sicht dazu gekommen war.

Die Operation wäre eine Notoperation gewesen. Während der OP hätte sich ein hoffnungsloses Bild gezeigt. Zu spät, sodass die Ärzte das Leben meines Vaters mit dieser Operation nicht mehr retten konnten. Er musste am Vortag einen schweren Herzinfarkt erlitten haben. Der Infarkt führte dazu, dass der Herzmuskel nicht mehr ausreichend mit Blut versorgt wurde. Wegen dieser Unterversorgung begann der Herzmuskel an einer besonders betroffenen Stelle abzusterben. Das abgestorbene Gewebe hielt dann den Belastungen nicht mehr stand. Ich bin mir nicht mehr sicher, ob „abgestorbenes Gewebe" der von dem Arzt verwendete Begriff war. Vielleicht sprach er in seiner Erläuterung auch von „geschädigtem Gewebe". Mein Vater hatte schon ein drei Zentimeter großes Loch im Herzen. Und das Herz pumpte die Hälfte des Pumpvolumens in den Brustraum. Man hätte ihn retten können, wenn er deutlich früher ins Krankenhaus eingeliefert worden wäre, eben am Vortag, an dem der Herzinfarkt war. Des Weiteren hätte mein Vater schon in den Monaten vorher mehrere kleinere Infarkte gehabt. Diese Herz-Historie könne man weitestgehend zweifelsfrei von den einschlägigen klinischen Untersuchungen und deren Ergebnissen ableiten.

Der Mediziner erklärte uns das und nahm sich auch Zeit für unsere Fragen. Und doch gab es etwas, das nicht erklärbar war. Auch für den Arzt nicht. Die kleineren Herzinfarkte in den Monaten vorher, die hätte mein Vater bemerken können. Ebenso hätte er diese auch mit allgemeinem Unwohlsein verwechseln und abtun können. Kleinere Infarkte seien nicht so eindeutig, könnten je nach Schmerzempfinden des Betroffenen auch übergangen oder ignoriert werden. Jedoch der schwere Herzinfarkt am Tag vor seinem Tod ... Der Arzt deutete mit kreisenden Handbewegungen um seinen Körperrumpf auf Brusthöhe einen Ring an und sagte: „Das sind unerträgliche Schmerzen, Sie müssen sich das so vorstellen, als würde Ihnen jemand einen Eisenring, ähnlich wie bei einem Fass, um den Brustkorb legen und immer weiter und weiter zuziehen. Das sind Schmerzen, die kann ein Mensch nicht ertragen und ganz bestimmt nicht übersehen oder ignorieren!"

Meine Mutter schilderte dagegen diesen Tag, ihren letzten Urlaubstag auf Teneriffa, als eher harmonisch, friedvoll und erfüllt. Sie wären spazieren gewesen und außer dass sich mein Vater nicht fit fühlte, immer wieder mal zum Ausruhen auf einer Bank Rast suchte, wäre ihr nichts Besonderes aufgefallen. Er soll zu ihr gesagt haben, dass er sich etwas schlapp fühle. Nachts wären sie planmäßig nach Hause geflogen und am Morgen seines Todestages schien es meiner Mutter, als hätte mein Vater eine stärkere Erkältung. Er hustete schwer und machte einen fiebrigen Eindruck.

Da war es, das Unerklärbare. Warum hatte mein Vater die Schmerzen, die er gehabt haben musste, nicht mal im Ansatz mitgeteilt? Meinen Vater hatte ich schon immer als eher schmerzempfindlichen Menschen wahrgenommen, wenn ihm etwas wehtat, dann hatte er das nicht verborgen.

Ganz im Gegenteil. Es war uns überhaupt nicht erklärbar, dass er die Schmerzen, die mit dem Herzinfarkt aufgetreten sein mussten, nicht im Geringsten angezeigt hatte. Nicht einmal andeutungsweise. Keine Spur davon. Das schien unmöglich zu sein.

Und auch jetzt war es wieder da, dieses Gefühl: Ich komme mit etwas Größerem in Berührung, etwas das viel mehr ist, breiter, weiter, tiefer, wissender und unendlicher. Etwas, das vielleicht nur ich so erlebe. Ich bekam Gänsehaut, nicht nur an den Armen. Eine Gänsehaut, die sich über meinen ganzen Körper rollte.

Hatte mein Vater „gewusst",
dass er sterben würde?
War dies die Zeit für ihn und der Weg,
dem er gefolgt war,
ohne es im Kopf zu wissen?
Wie ein geführter Weg?

Meine Mutter begann sich zu erinnern, dass mein Vater schon vor der Reiseplanung mehrmals gesagt haben solle, dass er noch einmal nach Teneriffa möchte. Meine Eltern waren schon vorher dort in Urlaub und meiner Mutter fielen bei dem Gespräch mit dem Arzt seine Worte ein: „Ich möchte noch einmal nach Teneriffa." Und sie glaube, dass dieses „noch einmal tun", „noch einmal erleben" in der letzten Zeit öfter von ihm geäußert worden sein soll.

Gänsehaut. Unfassbar. Mein Vater, der am Leben hing, vor Krankheit eher Angst hatte, eher sensibel auf Schmerzen reagierte, als diese still zu ertragen, genau dieser Vater sollte diesen unvorstellbaren Weg gegangen sein? Oder besser: Ihm gefolgt sein? Wie ein angezählter Boxer, taumelnd und schummrig im Kopf, noch nicht erfassen könnend, was ich gerade hier entdecken oder besser wiederentdecken könnte. Es konnte nur so sein. Jenseits unserer äußeren Welt, in der wir glauben, dass wir alles im Griff haben, wenn wir etwas tun. Glauben, unseren Problemen nach- oder vor ihnen davonlaufen zu müssen, um sie zu lösen. Glauben, dass andere Schuld an unserer Situation haben. Jenseits dieser unserer äußeren Welt muss es noch etwas geben, etwas das wir mit dem Verstand nicht erfassen können. Viel mächtiger und wirkungsvoller. Wem oder was war mein Vater gefolgt, wer oder was ist so mächtig? Gott? Seele? Dass der Zugang dazu über die innere Welt, die ich als Kind erlebt hatte, sein könnte, dass es hier einen Zusammenhang geben könnte, das war mir damals nicht klar, suchte ich in dem Moment doch nach den Antworten in der äußeren Welt.

Der Tod meines Vaters und die tiefen Einblicke, die ich glaubte, in das Menschsein und das Leben damit bekommen zu haben, waren der Startpunkt für mich, mich auf die Suche nach mir selbst zu machen. Und dennoch vergingen noch Jahre, ehe ich wirklich und ernsthaft mit dieser Suche begann.

Die nächsten Jahre

Das Schauspiel in meiner äußeren Welt gewann schnell wieder die Oberhand zurück. Das Leben bot mir Situationen an, in denen ich zu reagieren hatte. Ich ließ mich abermals von der äußeren Welt beherrschen. In meiner damaligen Weltsicht trug ich Verantwortung.

Verantwortung für meine Familie, dass es uns wirtschaftlich gut ging, dass wir die Schulden an unserem neuen Haus schnell abzahlen konnten und auch, dass wir in unserer Umgebung einen guten Ruf hatten. Verantwortung für meine Kinder, dass sie gut erzogen sind, erfolgreich durch die Schule kommen, fleißig und glücklich sind. Verantwortung für meine Mutter, dass es ihr gut geht, sie frei von negativen Gefühlszuständen ist und ihren Weg in ein Leben ohne meinen Vater findet. Verantwortung in meinem Beruf, für Mitarbeiter und wirtschaftliches Wachstum im Unternehmen.

Wenn es mir nicht gelang, dieser Verantwortung nachzukommen, dann trug ich die Schuld daran, Schuld, dass ich nicht genügend getan hatte, dieser Verantwortung gerecht zu werden.

Wenn ich heute auf diese Jahre zurückblicke, dann fällt mir dazu die Überschrift „Kampf" ein. In meiner Welt gab es etwas zu verlieren, zu verteidigen und für einen Sieg galt es zu kämpfen. Es war so, als hätte mein Leben in meiner äußeren Welt noch einen Turbo eingeschalten. Die Ehe mit meiner damaligen Frau zerbrach, Trennung, Scheidung, Kampf um Kinder, Unterhalt, Haus … Kampf! Und unbewusst eine Flucht, Flucht in Arbeit und Karriere. Damals hatte ich keinen Einblick in meine innere Welt, hätte ich einen Einblick gehabt, ich hätte nur Schuld und Scham gesehen.

Schuld und Scham, es nicht zu schaffen, zu den Verlierern zu gehören. Ich glaube, damit ich mit diesen inneren Zuständen nicht in Berührung komme, trieb mich mein Unterbewusstsein weiter im Außen zu mehr „tun" an.

Und dennoch war das Leben mit mir gnädig. Als hätte der Tod meines Vaters und die damit verbundenen Einblicke in ein tieferes Bewusstsein scheinbar noch nicht genügt, mich auf einen anderen Kurs zu bringen, so schickte mir das Leben im Jahr 2012 noch eine weitere Lektion, die ich nicht übergehen oder übersehen konnte.

In diesem Jahr wurde ich zu einem weiteren Management Trainee Programm in der Firma berufen beziehungsweise hatte ich mich dafür beworben und qualifiziert. Das Programm war für ein Jahr angesetzt und sollte das Sprungbrett aus dem mittleren Management in das Top-Management des Konzerns sein. Mitte des Jahres 2012 begann dann mein Körper mit mir zu sprechen, nicht subtil, sondern ganz klar. Unüberhörbar.

Meine totale Erschöpfung

Mein Körper begann seinen Dienst aufzukündigen. Zuerst bekam ich unerklärliche Hautausschläge, schon wenige Wochen danach quälten mich bei sportlicher oder körperlicher Aktivität hämmernde Kopfschmerzen, selbst spazieren gehen mit leichtem Anstieg im Gelände war nicht mehr möglich. Gleichzeitig ließ meine Konzentrationsfähigkeit im Alltag stark nach und im Herbst konnte ich in der Abenddämmerung nur mit großer Anstrengung mit dem Auto von der Arbeit nach Hause fahren. Ich nahm mein Umfeld wie durch einen Tunnel wahr. Sämtliche Reize schienen mich zu überlasten. Selbst ein Radio.

Mir war klar, etwas musste sich ändern oder ich musste etwas ändern, aber ich wusste nicht was. Ich suchte im Außen und nicht in mir. Im Dezember war ich dann noch auf einer Dienstreise im Rahmen dieses Management Trainee Programmes in Japan, wurde dort mit sämtlichen Erkältungssymptomen krank, schleppte mich durch und schaffte es irgendwie noch nach Hause. Und dann lag ich im Bett. Nichts ging mehr. Ich konnte nicht aufstehen, geschweige denn auf sein. Ich war kraftlos und mein Herz raste. Von Burnout hatte ich schon gehört und auch, dass die Betroffenen oftmals monatelang und länger benötigen, um sich wieder zu erholen und zu regenerieren. War jetzt ich davon betroffen? Wie konnte es so weit kommen? Ich hatte Angst. Angst, nie mehr auf die Füße zu kommen. Die Tage verstrichen, ich lag im Bett und hoffte, dass mein Zustand sich ändert, gleichzeitig wuchs meine Angst, dass es mich wirklich schwer erwischt haben könnte.

In diesen Tagen im Bett kam auch die Erinnerung an den Tod meines Vaters wieder zurück. Und es war kein bewusstes rationales Nachdenken und Entscheiden, es war eher so eine innere Klarheit, die keiner Erklärung bedurfte. Diese Klarheit sagte: „Es liegt in dir!" Und ich traf eine Entscheidung, eine innere Entscheidung. Wie ein Versprechen, das ich mir gab. Ich glaube, es war nachdem ich zwei Wochen ohne eine Änderung meines Zustandes im Bett lag. Es wurde mir in dieser Zeit so klar und bewusst, dass vieles, wonach ich in meinem Leben gerungen hatte, nicht richtig für mich ist. Ich gelobte mir selbst, dass ich mich bessern würde. Das Karrierestreben beenden würde, auf mich achtgeben würde, auch wenn ich noch nicht wusste, wie gerade Letzteres genau ginge.

Hätte ich es nicht selbst erlebt, ich würde es nur schwer glauben können. Es dauerte nur wenige Tage, vielleicht zwei oder drei, und ich hatte mich fast vollständig erholt.

Jetzt beim Schreiben frage ich mich, warum ich keinen Arzt oder gar das Krankenhaus aufgesucht hatte. Ich habe keine Erklärung dafür. Vielleicht war es so, dass mein Unterbewusstsein mich davon abgehalten hatte, damit ich wieder mit meiner inneren Welt in Kontakt trete. Ich weiß es nicht. Rational ist mein Verhalten von damals jedenfalls nicht erklärbar.

Über den dann folgenden Weihnachts- und Neujahrsbreak fühlte ich mich vital und voller Lebensfreude, wie neugeboren. Ich begann, auf dem Hometrainer zu trainieren und mit meiner Suche. Der Suche nach den Antworten zu den großen Fragen des Lebens. Meines Lebens. Fragen, denen ich mit dem Erleben des Todes meines Vaters schon begegnet war.

Wer bin ich?
Warum bin ich hier?
Warum verläuft mein Leben so,
wie es verläuft?
Was gehört zu mir und
was gehört nicht zu mir?

Jetzt war ich so weit.

Die Reise des Helden

Persönlichkeitsentwicklung. Das erste Buch, das ich Anfang 2013 kaufte und las, war ein Volltreffer. Ich hätte kein besseres Buch erwischen können: „Für die Freude entscheiden" von Kay Pollak. Ich war fasziniert von den Zusammenhängen. Meine Gedanken sollen die Wirklichkeit in meiner äußeren Welt beeinflussen. Konnte das so einfach sein? Ich konnte das kaum glauben, das wäre so hochgradig anders, als ich es je über das Leben gelernt hatte und für wahr annahm. Andere Bücher folgten, ich näherte mich der Thematik von mehreren Seiten, unterschiedliche Perspektiven. Ich probierte aus und forschte weiter. Ich besuchte Kurse und Seminare und las. Ich lernte und war begierig, mehr zu erfahren. Persönlichkeitsentwicklung wurde mein Hobby. Ich selbst wurde mein größtes Projekt! Ich befasste mich mit Berufung, was macht mir wirklich Freude, was sind meine Bedürfnisse, was möchte ich leben und erleben!

Mit der Zeit wusste und verstand ich immer mehr, doch fehlte in meinem eigenen Leben immer noch etwas. Es war, als würde ich auf der Stelle treten oder mich im Kreis drehen. Bis ich 2016 die Heldenreise nach Paul Rebillot mitmachte. Die Heldenreise ist ein einwöchiges gestalttherapeutisch orientiertes Gruppenseminar. Der Hammer, in den Untiefen meines Unterbewusstseins, in meinem Körper gespeicherte und verdrängte emotionale Situationen meines Lebens auszugraben, nochmals zu durchleben und zu durchfühlen, nicht schön in diesem Moment, aber so befreiend für die Zukunft. Das ist, als würden Hindernisse auf die Seite geräumt werden und ein Stück Leben mehr dazukommen.

Ich erinnere mich besonders an einen Moment, in dem ich mich fühlte, mir bewusst wurde, das bin ja ich, ich fühle mich! Mit Worten nur schwer zu beschreiben, „nach Hause kommen" trifft es für mich am ehesten.

Unser Körper ist ein Wunder, nicht nur physikalisch. Unser Körper hat alles gespeichert und über ihn kann alles, was je in unserem Leben, und vielleicht auch davor, passiert ist, abgerufen werden. Und unser Körper spricht mit uns, immer. Und das Wunderbarste: Unser Körper lügt nicht! Ich wollte mehr davon. Mehr für mich und mehr, um es an andere weiterzugeben. Und so begann ich tiefer einzutauchen. Das Unterbewusstsein, das zog mich magisch an. So viel war mir klar geworden, das Unterbewusstsein, das in unserem Körper wohnt, Gefühle, die sich über unseren Körper ausdrücken, das ist der wahre Schlüssel zur Entwicklung der Persönlichkeit. Da spielen unsere bewussten Gedanken in unserem Kopf eine sehr untergeordnete Rolle.

2019 meldete ich mich für eine zweieinhalbjährige Coaching-Ausbildung an. Coaching, ein Weg des Fühlens und Spürens im Kontakt mit einem Gegenüber.

Das war mein Weg, die Teile von mir, die ich im Laufe meines Lebens verdrängt und eingegraben hatte, wieder auszugraben und mir selbst zugänglich zu machen. Mich wieder zu ent-wickeln. Wieder der zu werden, der ich schon immer war. Ein Weg, der nicht ohne Hindernisse und Fehlversuche war, ein Weg, der mir meine innere Welt wieder zugänglich und erlebbar machte.

Und es brauchte seine Zeit. Schritt für Schritt. Und es ist nie fertig.

Mehr Freiheit

Wenn ich mich nur in der äußeren Welt bewege, bin ich schnell ein Opfer der Umstände dieser Welt. Ich muss tun, um abzuwenden, tun, um zu verändern und tun, um zu überleben. Kampf und Flucht werden schnell zur Normalität. Veränderung in der äußeren Welt vergleiche ich heute mit kraftaufwändiger Manipulation einer bereits umgesetzten Wirklichkeit.

Und da ist eine ganz neue Freiheit, die ich für mich gerade entdecke. Wenn ich in meine innere Welt eintauche, über meinen Körper Zugang zu Intuition bekomme, dann begebe ich mich auf eine für mich neue Ebene des Seins. Und wenn ich noch einen Schritt weitergehe und mich in meiner inneren Welt in die Dunkelheit fallen lasse, vertraue, dass ich getragen bin von einem deutlich größeren und mächtigeren Bewusstsein. Dieses Bewusstsein, das vielleicht alles in meinem Leben lenkt. Dass dieses Bewusstsein vielleicht durch meine Gedanken und Gefühle mitbeeinflusst wird ... allein die Vorstellung, dass dieses mächtige Bewusstsein mein wahres Selbst ist, dem sich alles in der äußeren Welt unterordnet, auch mein Verstand und mein „Ich", das lässt mich wieder mit Gänsehaut voller Ehrfurcht und Demut vor dem Wunder des Lebens aufschauen.

Könnte es sein, dass alle Macht über mein Leben in meiner Hand liegt? Ich selbst bin weiterhin mein größtes Projekt!

Der Preis

Ein neues Leben hat einen Preis. Es kostet das alte Leben. Alte Prägungen, Muster, Werte, Weltsichten … wirklich loszulassen und den Mut, einen unbekannten, nicht erprobten Weg zu beschreiten. Mit nicht mehr als bloßem Vertrauen, dem Zweifel als ständigen Begleiter den Wind aus den Segeln zu nehmen.

Und ein neues Leben hat eine Qualität, die du nur für dich selbst herausfinden kannst. Für meinen Teil möchte ich mit den Worten schließen: Ich möchte die neuen Erfahrungen nicht missen, die Tiefe und Intensität nicht mehr fortdenken und wenn ich etwas anders machen würde, dann, dass ich früher damit beginnen würde.

Mut machende Grüße von Herzen,
Wolfgang

Wolfgang Winderl
Personal Trainer

Freiheit ist mein höchster Wert. Ich bin Lehrender und Lernender und gebe den Ereignissen, die in mein Leben kommen, eine Bedeutung. Immer mehr zu erkennen, wer ich wirklich bin, mich von den äußeren Abhängigkeiten zu lösen und in meinem Inneren die Verantwortung für mein Leben zu übernehmen, Mut, Neues zu wagen und ebenso den Mut, Gewohntes hinter mir zu lassen, damit zieht immer mehr Leichtigkeit in mein Leben ein. Letztlich sind wir hier, um Erfahrungen zu machen und uns dabei immer wieder neu und tiefer zu erforschen.

Personal Trainer, Modern Leader, Speaker und Autor sind dabei die Ausdrucksformen, die meine Gaben wirksam werden lassen. Als Personal Trainer möchte ich einen Beitrag in dieser Welt leisten, den Menschen zu helfen, mit dem Wandel der Zeit und der Welt zurechtzukommen. Als Modern Leader möchte ich einen Beitrag in Unternehmen leisten, damit Selbstverantwortung und Befähigung des Einzelnen einhergehend mit Motivation und Innovation in einem sinnstiftenden Arbeitsumfeld münden. Als Speaker und Autor möchte ich noch mehr Menschen erreichen.

Das weiterzugeben, was ich selbst als wirksam erfahren habe, und zu erleben, dass andere damit einen Schritt weiterkommen, gibt mir und meinem Sein einen Sinn.

Und brandneu: Gerade gründe ich zusammen mit einem Partner die **„akademie für angewandte leichtigkeit"**

Mit der Akademie errichten wir eine Plattform, auf der wir unser erworbenes Wissen, unsere erlernten Fähigkeiten und unsere gemachten Erfahrungen erlebbar weitergeben. Zunächst starten wir mit den Basis-Formaten: Workshops, Coaching und Seminare. Und wie der Name der Akademie schon verrät, steht die Anwendbarkeit im Vordergrund.

Das Leben, und auch die Gestaltung und Veränderung des Lebens, darf leicht sein. Mögen alle Menschen in den Genuss dieser Leichtigkeit kommen.

Kontakt
akademie für angewandte leichtigkeit:
www.angewandte-leichtigkeit.de
e-mail: wolfgang.winderl@web.de
telefon/whatsapp/telegram: +49 152 05300378
facebook: https://www.facebook.com/wollewe

Welchen Ausdruck wählen wir?
Wie dürfen wir der Trauer begegnen?
Wie sind wir über den Tod hinaus mit
unseren Liebsten verbunden?
Was dürfen wir zulassen?
Was darf alles sein?

Fragen, auf die wir nur selbst unsere
eigene Antwort finden können.
Astrid Best-Botthof nimmt dich mit
auf ihre ganz persönliche Reise und
zeigt dir ihren Weg, der in eine neue Form
der Witwengeneration gemündet ist.

Astrid Best-Botthof

In Verbindung sein
mit unseren Lieben …
über den Tod hinaus

„Danke, kleiner Schmetterling, du kommst gerade im richtigen Moment geflattert und zauberst mir ein Lächeln ins Gesicht. Der Weg ist anstrengend, der Rucksack schwer, gerade noch dachte ich, ich kann nicht mehr." Für einen Moment habe ich um Kraft gebeten, diesen Weg zu schaffen und da kam es geflattert, dieses kleine Wesen, und plötzlich war sie da, die Gewissheit, die Kraft zu haben, mein Ziel zu erreichen. Es sind diese Momente, wo sich plötzlich alles verändert, wo mir das Gefühl von glücklichem Erfülltsein geschenkt wird.

Sind solche kleinen Erlebnisse „zufällig" oder ein Zeichen im richtigen Moment, das meine Seele erreicht, Mut macht und mir neue Kraft gibt?

Schmetterlinge gelten vielen Menschen als ein Symbol für die Unsterblichkeit der Seele und als Erinnerung an verstorbene Menschen. Sie signalisieren die Hoffnung auf ein Leben über den Tod hinaus. In Form eines Schmetterlings, der dem Kokon entschlüpft ist, bricht die Seele auf zu einem anderen Ort.

So oft habe ich in den vergangenen Jahren völlig unerwartet gerade dann Schmetterlinge gesehen, wenn ich in einer besonderen Situation war. Und immer empfinde ich es wie einen lieben Himmelsgruß, ein Zeichen, das mir Freude, Liebe, Kraft, Mut und Zuversicht schenkt. Ein Lächeln, das mir zugeflattert kommt und mein Herz erfreut, ein Seelengeschenk.

SEELENFLUG

INS HELLE LICHT
VOLLER LEICHTIGKEIT
IM SEIN
SCHMERZ IM DUNKEL
BLEIBT ZURÜCK
GANZ FREI
GANZ LEICHT
GANZ EINS

Astrid, November 2012

Was, wenn unsere Seele einen Plan hat, wenn sie hier ankommt?

Diese Zeilen schreibe ich aus all meinen Erfahrungen heraus, die ich in den letzten zehn Jahren machen durfte, seit mein Mann verstorben ist und mir nun von der anderen Welt beisteht. Ich glaube daran, dass Seelen in Verbindung bleiben, denn sie waren es schon, bevor wir diese gemeinsame Zeit hier auf Erden verbracht haben. Es sind nur unterschiedliche Ebenen, in denen wir verbunden sind. Wem das hier zu einfach dargestellt erscheint, den kann ich verstehen, denn so einfach war es am Anfang auch für mich nicht. Auch mit der tiefen Gewissheit, dass die Verbundenheit bleibt, nahmen doch der Verlust, die Leere und der Schmerz sehr viel Raum in meinem Herzen ein. Es ist wie ein Weg, der gegangen sein will, ein Weg, auf dem sich Gefühle verändern und Tiefe in mir und meiner Seele entstehen kann. Auf diesen Weg will ich dich gerne ein Stück weit mitnehmen. Ich nehme dich mit durch meine Gedichte, die entstanden sind und Bilder, die sich mir zeigten und noch immer zeigen.

Ja, ich glaube daran, dass unsere Seelen einen Plan haben, wenn sie hier ankommen, einen Seelenplan, der sich erfüllen will. Unsere Seelen wollen viele verschiedene Erfahrungen machen und erleben dies durch ganz unterschiedliche Möglichkeiten.

Zu diesem Erfüllen des Seelenplanes gehören aus meiner Sicht auch Seelenvereinbarungen, die Seelen miteinander getroffen haben. So finden Seelen in Liebe zueinander, die genau diese tiefe innige Verbundenheit miteinander erleben wollen, eine bestimmte Zeit das Leben miteinander teilen und durch freudige und traurige, leichte und schwere Zeiten gemeinsam gehen.

Glücklicherweise haben wir alle diesen Seelenplan vergessen, wenn wir unsere Reise hier auf Erden beginnen. Wir kommen auf diese Welt, ohne das Bewusstsein dafür zu haben, was unsere Seelen geplant und vereinbart haben für diese Erdenzeit.

Manchmal gibt es dann diese Momente, die uns im Rückblick erkennen lassen, dass ein Erlebnis, eine Begegnung irgendwie etwas ganz Besonderes hatte und es sich sehr vertraut anfühlt. Vielleicht sind auch das die besonderen Momente der Vereinbarungen der Seelen.

Manchmal sind es einfach nur die Bilder der Natur, die uns Verbundensein über den Tod hinaus spüren lassen. Die Natur schenkt mir ganz oft Bilder, die mir diese Verbundenheit zeigen und mich im Herzen fühlen lassen, was ich da gerade für eine Botschaft empfangen darf. Ein einziger Sonnenstrahl, der kurz zum Fenster hereinfällt, obwohl der ganze Himmel bewölkt ist, gerade in dem Moment, als ich etwas Bestimmtes lese oder höre.

Ich erinnere mich noch heute an manches Bild, das mir Trost geschenkt und mein Vertrauen gestärkt hat, als ich diese Zeichen bewusst wahrgenommen habe. Da gibt es die schöne blühende Mohnblume, die zur gleichen Zeit an einer Pflanze auch schon eine trockene Kapsel hat, ein Bild, das mir stets ein wertvolles Symbol war, dass Tod und Leben zusammengehören. Mehr noch, dass das Leben entwichen ist und eine tote Hülle bleibt. Eine Hülle, aus der heraus auch alle Samen fallen und schließlich die Hülle selbst vergeht. Welche Fragen dürfen da entstehen? Welche Gedanken um diesen Kreislauf von Sterben und Werden können uns da bewegen?

Oder einmal ein Geschenk der Natur, das mich zu Tränen rührte, als ich es damals sah und sogar in einem Foto festhielt: Vier Birken, zwei kleine und zwei große, ganz nahe beieinanderstehend ... und eine der großen war abgebrochen, hatte aufgehört zu leben. Ein so deutliches Bild für unsere Familie, zwei Eltern und zwei Kinder, das hatte ich sofort vor meinem inneren Auge. Der Baumstumpf stand noch bei den anderen dreien und es fühlte sich für mich an, als rief er uns zu: „Ich bin da, auch wenn ich nicht mehr mit euch wachse und kein grünes Laub mehr trage."

Verbundensein über den Tod hinaus ist für mich auf ganz vielfältige Weise spürbar. Immer sind es Zeichen der Liebe, die sich zeigen, in Natur, Kunst, Musik, Klängen, Liedern, Düften, Bildern und manchmal auch im Folgen der Intuition, etwas zu tun, um dann etwas zu erleben, was sich anders nicht hätte zeigen können. Ja, es bleibt eine Verbundenheit der Seelen, wenn meine Seele bereit ist, Impulse, Worte und Zeichen zu empfangen und aufzunehmen.

JEDES ROSENBLATT SCHENKT MIR
EIN BILD VON DIR

UNENDLICH VIELE BLÄTTER
UNENDLICH VIELE FARBEN
UNENDLICH VIELE AUGENBLICKE
GESCHENK DER ENDLOS BLÜHENDEN EWIGKEIT
DUFT DER UNENDLICHEN VERBUNDENHEIT

Astrid, Januar 2011

All die offenen „Was wäre wenn …"-Fragen

Was, wenn es zum Plan gehört, dass wir diese wundervollen 28 gemeinsamen Jahre genau so erleben durften, mit allen Höhen und Tiefen? Was, wenn es zum Plan gehört, dass mein Mann jung stirbt, ich jung zur Witwe werde und unsere Töchter, zwar gerade erwachsen, doch jung ihren Papa verlieren? Was, wenn es zum Plan gehört, dass manche Menschen mit einem anderen Partner glücklich werden und manche glücklich ohne Partner sind, weil sie das Glück in sich selbst erleben und zum Plan vielleicht noch ganz andere Aufgaben gehören?

Was, wenn es deshalb auch keine Zufälle gibt?

Nur der Zeitpunkt vielleicht nicht ganz feststeht. Als mein Mann und ich uns zum ersten Mal kurz begegneten, war ich sechzehn Jahre alt, eine sportliche Begegnung und wenige darauffolgende Treffen. Es brauchte weitere fünf Jahre, bis wir unsere Liebe füreinander fanden. Ich glaube, dass unsere Seelen diese Möglichkeiten von Begegnungen erschaffen und wir als Menschen die Freiheit haben, wie wir sie ergreifen.

Was, wenn wir denken können, dass unsere Seelen sagen: Alles ist gut!

Wenn nun jede Seele einen solchen Seelenplan hat, dann gehören über die gemeinsamen Zeiten hinaus auch individuelle weitere Erfahrungen im Leben dazu. Die Seelenverbindungen bleiben auf einer seelisch-geistigen Ebene bestehen, verändern sich jedoch im Wahrnehmen für mich.

Ich erlebe es trotz des unglaublich großen Verlustes und des riesigen Schmerzes nach dem Tod meines Mannes auch als eine wohl zu meinem Plan gehörige Aufgabe, gerade diesen Schmerz zu durchleben und dadurch eine persönliche Entwicklung zu erfahren, die mich innerlich unendlich wachsen lässt. Das, was durch unsere gemeinsame Zeit, mit all ihren Höhen und Tiefen, tief in meinem Herzen eingepflanzt wurde, darf weiterwachsen und sich so entwickeln, wie es zu meinem Seelenplan passt. Auch hier fühle ich immer wieder die Verbundenheit im Herzen und oft drückt es sich in Worten und Farben aus, was da in meinem Herzen schwingt. Bilder und Gedichte können zu sichtbaren Zeichen werden, die das verborgene Verbundensein auf einer höheren, nicht sichtbaren Ebene ahnen lassen. Während meiner Ausbildung in Freier Malerei, die ich vor einigen Jahren erleben durfte, gab es immer wieder diese Momente, wo ich mich mit meiner Seele tief verbunden fühlte. Wenn im großen Atelier alle anderen Künstler still in sich selbst arbeiten und eine Musik den Raum erfüllt, die mich auf einmal wieder das Verbundensein spüren lässt, kann sich in meinem Werk etwas ausdrücken, das den Betrachter vielleicht auch auf einer Seelenebene erreicht.

Ohne diesen unglaublichen Schmerz hätte ich vieles danach nicht erleben können. Ohne die Erfahrungen, die wir in tiefer Liebe gemeinsam durch Krankheit und Heilung erleben durften, hätte unsere Beziehung, unsere Partnerschaft nie diese Tiefe gewinnen können, in die sie sich hinentwickelt hat. Diese wertvollen Geschenke konnten wir immer wieder im Rückblick erkennen. Im Moment des Erlebens sind es jedoch auch Gefühle von Angst und Ungewissheit, immer jedoch verbunden mit Vertrauen und Zuversicht und getragen von einer Liebe, die größer ist als das, was wir in Worten beschreiben können, ein Getragensein in einem großen höheren Ganzen.

Auch das Wirken der Verstorbenen hört durch den Tod nicht auf. Wir können es jedoch mit unserem Tagesbewusstsein nicht einfach wahrnehmen. Ganz anders ist es während des Schlafes. Da sind wir in Verbindung auf Seelenebene, jede Nacht wieder.

Hast du schon diese besonderen Träume erlebt?

Träume, in denen du eine Situation mit deinen Liebsten erlebt hast, die dich keine Trennung spüren lassen? Die dich fühlen lassen, was da im Traum gerade geschieht, als sei es wahr? Träume, aus denen du ganz emotional berührt erwachst und vielleicht voller Freude bist. Im Moment des Erwachens jedoch, wenn du wieder ganz im Hier und Jetzt bist, erlebst du den seelischen Schmerz. Deine Gedanken fragen, wie du das so real erleben konntest, wo dein Verstand doch weiß, dass es nie wieder so sein wird und den Kopf nach Erklärungen fragt. Ja, vielleicht gibt es da Antworten. Manchmal können Träume auch dabei helfen, Entscheidungen zu treffen und zwar nicht, weil der Verstand eine logische Erklärung bekommt. Nein, es ist vielmehr eine Klarheit, die die Seele im Schlaf erlebt, die im Herzen spürbar ist und uns wissen lässt, was zu tun ist.

Solche intensiven Träume, die sich so echt und wahr anfühlen, sind wie Brücken für mich. Brücken, die auf eine andere Bewusstseinsebene führen und mich diese Seelenverbindung erleben lassen zu den Menschen, mit denen wir im Leben tief verbunden waren und es immer bleiben.

ABENDS GRÜSSE ICH DICH

ABENDS RUFE ICH DICH
ABENDS BIST DU GANZ NAH BEI MIR
ICH FRAGE UND ERZÄHLE, WAS DU SCHON WEISST
ICH FÜHLE, WIE DU MICH HÄLTST
DU SCHICKST MIR EINEN TRAUM
AUS UNSERER BEGEGNUNG
NACHTS

Astrid, Dezember 2010

Jede Nacht, wenn wir schlafen, gehen wir hinüber in die geistige Welt. Jede Nacht sind unsere Seelen dort „auf der großen Himmelswiese", von wo wir einmal gekommen sind und wohin wir nach dem Tod zurückkehren. Dieses Bild hat für mich eine spielerische Leichtigkeit, weil ich es so darstellen kann, wie ich es einem Kind erklären würde. Es ist eine Bezeichnung dessen, wo sich unsere Seelen im Schlaf hinbegeben. Ein Ort, den ich auch die geistige Welt nenne, wo mein höheres Selbst zu Hause ist, wo ich meinem Engel begegnen kann und wo sich Seelen begegnen können. Dabei ist es unerheblich, ob es Seelen sind, die gerade in einem irdischen Körper Erfahrungen machen oder solche, die davon befreit sind. Begegnungen auf Seelenebene sind frei von physischem Leben, Raum und Zeit.

DER FRIEDENSWALD EIN GUTER ORT

Zu diesem Ort ich gehe
An diesem Platz ich stehe
Und weiß: DU bist nicht dort
Im Erdenreich
DU BIST im Wind, der um mich weht
DU BIST im Baum, der windgepeitscht steht
DU BIST im Himmelsblau, in das ich schau
DU BIST im Vogel, der hier singt
DU BIST in der Stille, die in mir klingt
DU BIST ... Überall, immer da!

Astrid, Januar 2011

Wo fühlen wir denn ein Verbundensein?

Braucht es dazu einen besonderen Ort wie einen Friedhof?
Für manche Menschen ist das so. Mir geht es ganz anders. Für
mich ist der Friedhof nicht der Ort der besonderen Verbundenheit. Ich fühle eine große Verbundenheit eher an Orten,
an denen wir gerne gemeinsam waren, wo wir schöne Erlebnisse hatten. Ich fühle das Verbundensein in Momenten, wo
Erinnerungen auftauchen, wo ein Lied erklingt, wo ein Duft
mich an etwas erinnert, wo Gedanken mich mitnehmen und
ich fühle, die Liebe bleibt in meinem Herzen, egal an welchem
Ort ich bin.

Ja, unsere Sinne schenken auch das Erleben von Verbundensein. Oft auch dann, wenn ich es nicht erwarte. Immer wieder
habe ich im frühen Sommer diese Seelengrüße erlebt, wenn
ich plötzlich einen Duft wahrnehme und sofort die Freude
erinnere, die mein Mann an diesem Blütenduft hatte und
wovon er immer wieder erzählt hat.

Es kommt einfach so und es fühlt sich an wie ein lieber Gruß. Die ersten Jahre brachte mir dieser himmlische Gruß Tränen und Traurigkeit, obwohl ich auch diese Freude im Erinnern spüren konnte. Inzwischen ist es eine große Freude in meinem Herzen, wenn ganz überraschend dieser wunderbare Blütenduft in meine Nase kommt und ich sende ein herzliches Dankeschön hinauf in den Himmel.

DUFT, DER IN MEINE NASE STRÖMT

RUFT SEINE STIMME IN MEIN OHR
RUFT SEINE WORTE INS OHR MEINES HERZENS
DUFT DES SOMMERS LÄSST
DEN WINTER MEINES HERZENS
IN DANKBAREN FARBEN ERBLÜHEN
BLÜTEN DES SOMMERS UNSERER ZEIT
ERBLÜHEN VOM DUFT GEWECKT
IN MEINEM HERZEN WIEDER
ES TRÄGT DER WIND DIE LIEBE
IN SEINEM SOMMERDUFT

Astrid, Sommer 2013

Neben unseren Sinneswahrnehmungen ist für mich auch das Schreiben etwas sehr Wertvolles. Worte und Zeilen zu empfangen, die das beschreiben, was mein Herz berührt, lassen mich Freude, Erfüllung und auch das Verbundensein spüren. Biografisches zu schreiben trägt für mich zu Heilung, Vergebung und großer Dankbarkeit bei. Deshalb inspiriere ich gerne auch Menschen, die ich begleite, dazu aufzuschreiben, was sie bewegt, so kommen auch sie mit sich, ihrer Seele und anderen Seelen in ein Verbundensein.

Verbundensein auf eine ganz besondere Weise

In the light of love we are whole
In the light of love we are home
In the light of love we heal and sing
Thy will be done in the light of love!

*Songtext von Deva Premal & Miten

Mit diesem Lied verbinde ich eine ganz besondere Situation, die ich ein halbes Jahr nach dem Tod meines Mannes erlebt habe, als ich zum ersten Mal allein wieder bei einem Konzert war. Ein Konzert von Deva Premal & Miten.

Ein Ausschnitt aus meinem Tagebuch …

Genauso sollte es wohl sein. Gut, dass ich allein zum Konzert gefahren bin. Nachdem ich zwei Freundinnen gefragt hatte, sagte etwas in mir: „Fahr allein!", denn nur so konntest Du mit mir sein und ich mit Dir allein (zwischen all den anderen hunderten Besuchern). Bei In the light of love haben wir uns gehalten. Ich weiß, Du warst da mit mir, ich habe mich so gehalten gefühlt von Dir, Deine Nähe gespürt. Danke für dieses wunderbare Geschenk, dass Du mich eingeladen hast und geführt zu dieser tiefen Musik und der Zeit mit Dir. Danke, dass Du dich so freust, wenn ich singe und mein Schmerz ein winzig kleines Stückchen heilt.

Wie ist das mit den Kammern im Herzen? … den Toten ist es wohler in der Kammer der Freude! Wie diese beiden Künstler Liebe, Glück und Freude ausstrahlen, diese Energie war spürbar.

Aber das Beste war Deine Energie, danke, danke, danke und
sogar für Dich war extra ein Lied dabei, als Gitarre und Flöte
frei improvisiert haben ... da wusste ich, das gefällt Dir!
Wie schön, Charly, mein Engel, dass Du so gut
für mich gesorgt hast.

In solchen Momenten ahne ich etwas davon, was Munay
meinte, als sie mir sagte, dass Du mich von der anderen Welt
aus jetzt besser auf meinem Weg begleiten kannst, als Du es
hier gekonnt hättest ... Vielleicht, ja, wahrscheinlich wäre ich
hier nicht gewesen und Du auch nicht. Und nur, weil es so ist,
wie es ist, hatten wir diese wundervolle Verabredung zum
Konzert und ich eine neue sehr wertvolle Erfahrung „in the
light of love". Hättest Du es geglaubt, dass es so etwas gibt,
solche innigen Begegnungen mit geliebten Verstorbenen?
Ja, natürlich hast Du es jetzt gewusst und mir den besten
Platz ausgesucht, wo ich ganz viel Platz für Dich hatte. Es ist
so unglaublich, so unglaublich gut, was ich alles zu erfahren
und zu lernen hatte. Ich danke Dir von Herzen, mein Engel,
ich liebe Dich und vielleicht sind diese Momente erste Schritte
des Erkennens der Verwandlung unserer Liebe.

Ja, das unglaubliche Wunder war, dass ich bei freier Platz-
wahl einen Randplatz am Gang hatte und der Platz neben mir
bis zuletzt frei blieb. Na ja, frei war er nicht, nur scheinbar
unbesetzt. Was, wenn wir Menschen unbewusst viel mehr an
Schwingungen wahrnehmen können, als wir denken, weil wir
in einem Energiefeld, im Universum alle verbunden sind.

Ein ähnliches Erlebnis hatte ich einige Jahre später in einer
Kirche beim Hören der Matthäus-Passion, die wir oft gemeinsam gehört hatten. Meine Tagebucheintragungen fühlen sich
für mich anders an, leichter, vertrauensvoller verbunden:

*Ich danke Dir, dass ich durch Dich diese Musik kenne ... heute
voller Freude im Herzen und mit andächtigem Innehalten das
Konzert höre. Ich danke Dir, dass Du mit mir bist! Wie wun-
dersam ... in der Bank neben mir ist Platz frei, doch ich spüre,
Du brauchst keinen Sitzplatz, Du bist viel größer und gleichzeitig mir so nah und ich glaube, Du freust Dich, dass ich hier
sitze in diesem Konzert. „... wenn ich einmal soll scheiden,
so scheide nicht von mir ..." Worte, die eine neue Bedeutung
bekommen. Und als ich danach im Dunkeln zum Auto ging,
hieltest Du mich im Arm, bist neben mir gegangen – ich habe
es gespürt für einen Moment – ich danke Dir!*

Von der Angst, die Verbundenheit und die Liebe zu unseren Liebsten zu verlieren

Diese irgendwie unbewusste und doch auch präsente Angst
hatte ich die ersten Jahre nach dem Tod immer dann, wenn
der Schmerz so wehtat. Einige Zeit glaubte ich, es wird immer
ein Schmerz und eine Trauer bleiben, mein Leben lang. Es ist,
was wir glauben! In mir war unbewusst ein Gefühl, die Liebe
und die Verbundenheit könnten verloren gehen, wenn der
Schmerz weniger wird und die Trauer heilt und DAS VERLIE-
REN wollte ich auf keinen Fall. Also hielt ich lieber die Schwere
und die Traurigkeit in mir.

Heute weiß ich, dass es überhaupt nicht stimmt. Ich durfte in
zwei ganz unterschiedlichen Situationen genau das Gegenteil
erleben.

Einmal begab ich mich in eine sehr tiefe Meditation, ich hatte
das Gefühl, die Verbundenheit mit meiner eigenen Seele sehr
intensiv in meinem Herzen wahrnehmen zu können.

In dieser innigen Verbindung mit mir selbst, mit meinem wahren ICH BIN, mit meiner Seele, erlebte ich eine Seelenbegegnung mit der Seele meines Mannes. Es war wie ein Seelengespräch, ein gegenseitiges Lauschen, ein Erkennen der Wahrheit. Einer Wahrheit, die keine Zweifel zuließ und mich ein großes Vertrauen spüren ließ. Eingebunden in diesem Urvertrauen, diesem All-eins-sein, konnte ich meinen Mann freigeben. Dass ich es bis dahin nicht wirklich getan hatte, war mir nicht bewusst gewesen.

Ich erlebte mit dieser Freiheit keine Angst mehr, sondern eine viel tiefer gewordene Verbindung in meinem Herzen. Die Angst um diesen Verlust war in meinen Gedanken, nun fühlte ich die tiefe Verbundenheit in meinem Herzen und konnte spüren, dass es in Wahrheit keine Trennung gibt und wir alle immer verbunden sind.

Ein ganz anderes Erleben war die zweite Situation, die ich eine ganze Weile nach der Meditation erlebte. Während meiner Coachingausbildung wurde ich gefragt, ob ich bereit sei, die Trauer und vor allem die Schwere, die ich noch erlebte, gehen zu lassen und meine Antwort war ein „Nein". Diese Frage war an meinen Verstand gerichtet, an mein Jetzt-Bewusstsein und der Kopf hatte sofort diese Antwort, hatte ich doch die Verknüpfung, mit dem Verlust der Schwere verliere ich auch die Verbundenheit und die Liebe zu meinem Mann. Mit einer wunderbaren Methode, die ich inzwischen sehr zu schätzen gelernt habe, konnte ich im Folgenden lernen, zunächst nur einen Teil der Schwere loszulassen, denn dazu war ich bereit, und in einem nächsten Schritt dann doch auch den weiteren Teil. Wenngleich dieses Auflösen auf der kognitiven Ebene stattgefunden hat, konnte ich eine Leichtigkeit in meinem Herzen spüren und keineswegs die befürchtete Angst vor dem Verlust von Liebe und Verbundenheit.

Veränderte Wahrnehmung von Verbundensein nach vielen Jahren

Diese Erfahrung in der Meditation liegt nun schon viele Jahre zurück. Inzwischen habe ich mich immer wieder daran erinnert und sie auch gerne an andere Menschen weitergegeben. Ende letzten Jahres hörte ich ein Lied der Sängerin Sotiria, das mich genau an diese Meditation erinnerte. In dem Lied heißt es:

> „Ich lass dich frei, mein Engel, ich danke dir,
> ich hab so viel von dir gelernt, trag dich bei mir."

Ein sehr emotionales Lied, das mich berührt hat, es hat mich in meinem Herzen erreicht, meine Seele hat diese Schwingung aufgenommen und wieder hat sich diese riesige Dankbarkeit in mir gezeigt. Mir ist einmal mehr bewusst geworden, wie sehr dieses FREILASSEN mir die tiefe Verbundenheit geschenkt hat, die immer bleibt.

ZUSAMMEN GEHEN

KUNST ANSEHEN
GEDANKEN TAUSCHEN
IN MICH LAUSCHEN
WAS MIR FEHLT, BIST DU!

Astrid, März 2011

Dieses Gedicht möchte ich zum Anlass nehmen, die Veränderungen in der Wahrnehmung der Verbundenheit zu beschreiben. Geschrieben habe ich es einige Monate nach dem Tod meines Mannes. Mein Herz fühlte so sehr den Verlust.

Meine Gedanken waren auch in der Erinnerung, als wir gerne gemeinsam Kunstausstellungen besucht haben.

Es gibt keine Trennung in der Seelenwelt, es sind immer meine Gedanken, die den Gefühlen, dem Empfinden vorausgehen. Die Verbundenheit kann ich immer fühlen, auch die Verstorbenen wollen Verbindung halten zu uns. Wir dürfen die Zeichen erkennen, es glauben oder auch nicht. Ein Geheimnis ist aus meiner Erfahrung dabei, alle Gefühle zuzulassen. Die Freude beim Anblick der Kunst und in einem nächsten Moment den plötzlich aufkommenden Schmerz. Die Traurigkeit über das, was nicht mehr ist und im nächsten Augenblick die Freude an dem, was ich gerade bewundernd anschaue. Verbundensein über den Tod hinaus ist für mich eine Wahrheit, eine Weisheit, die das Leben steuern kann. Inzwischen erlebe ich Kunstausstellungen ganz anders. Mein Herz freut sich an Seelengesprächen und den Impulsen, die ich wahrnehmen kann. Und doch gibt es auch nach Jahren manchmal ganz plötzlich überraschende Tränen, die für mich ein Zeichen dieser empfundenen Verbundenheit sind.

In der Installation HALF A ROOM von Yoko Ono, wo sie mit ihrer Kunst halbe Möbelstücke zeigte, um den Verlust der Ganzheit des Menschen und der Sehnsucht nach Vervollständigung darstellen wollte, ging es mir so.

Ich kenne dieses Erleben vom Fehlen der anderen Hälfte und auch den Weg wieder hin zu dem Gefühl GANZ ICH zu sein und es berührte mein Herz. Als ich dann noch Bilder der Gedenkstätte „Strawberry Fields" sah, die Yoko Ono für John Lennon im Central Park gestaltet hat, überkamen mich Tränen. Tränen der Traurigkeit und der Freude, Tränen des Schmerzes und der Liebe und ich hörte Charly singen, denn die Songs der Beatles kannte er ebenso gut wie Oratorien von Bach und vor allem all die Poesie und Tiefgründigkeit von Bob Dylan.

Ja, Musik schafft es, das Verbundensein der Seelen tief im Herzen zu fühlen und es manchmal in Tränen zu zeigen. Tränen der Verbundenheit dürfen sein, sie tragen bei zu Heilung und zu tieferem Verbundensein.

Warum ist mir dieses Thema so wichtig? Warum rede ich immer wieder von der Verbundenheit der Seelen über den Tod hinaus?

Weil ich unendlich viele Gespräche mit verwitweten Frauen geführt habe, die alle diese Angst vor dem Nicht-mehr-Verbundensein haben und deshalb viel zu lange an dieser Schwere festhalten und die Trauer nicht heilen kann, manchmal bis zu ihrem eigenen Lebensende.

Weil ich selbst diesen Weg kenne und alle diese Schritte gegangen bin. Weil ich weiß, dass es möglich ist, das eigene GANZ ICH SEIN zu leben und gleichzeitig das tiefe VERBUNDENSEIN zu fühlen. Deshalb ist es meine große Vision, tausend verwitweten Frauen durch mein Coaching dabei zu helfen, auch diesen Weg der Verwandlung zu gehen. Trauer und Schwere in liebevoller Dankbarkeit zu verabschieden, Freude und Leichtigkeit einzuladen und wieder glücklich zu sein.

Für alle, die mehr von mir und der NEUEN WITWENGENERATION erfahren wollen, gibt es mein Buch: „Alles ist gut!" Die letzten Worte einer Liebesgeschichte und meine Homepage: www.astrid-best-botthof.com

Ich freue mich, wenn meine Worte die Frauen erreichen, denen ich Inspiration sein kann.

Spürst du, dass ich auch dir helfen kann? Willst auch du dein Verbundensein vertiefen? Melde dich gerne für ein unverbindliches Gespräch mit mir und wir schauen, ob und wie ich dich unterstützen kann, denn du hast es verdient, dein Leben erfüllt und in Freude zu leben.

In herzlicher Verbundenheit wünsche ich allen Leserinnen und Lesern alles Liebe und ein tiefes Verbundensein.

Astrid Best-Botthof

Mutmacherin

Mit großer Freude inspiriere ich Menschen, groß zu träumen, mutig für ihre Träume zu gehen und sie wahr werden zu lassen. In über zwanzig Jahren Arbeit mit Kindern als Waldorf- und Klangpädagogin habe ich dies von ihnen lernen dürfen. Nach mehr als dreißig Jahren Beratung in verschiedenen Lebensbereichen bin ich inzwischen mit Leidenschaft als Coach und Speakerin eine Mutmacherin und gebe von Herzen gerne das weiter, was ich selbst lernen und verwandeln durfte. durfte.

Meine Ausbildungen in freier Malerei und kreativem Schreiben folgten der Erkenntnis, dass ich selbst mit Stift und Pinsel meine Trauer nach dem Tod meines Mannes heilen konnte. Heute lebe ich mit Begeisterung diese Fähigkeiten als Autorin und Künstlerin.

Als Mutter von zwei indischen Adoptivtöchtern und Oma einer wundervollen Enkeltochter trage ich die Dankbarkeit auch für fast dreißig gemeinsame Jahre mit meinem verstorbenen Mann als ein riesiges Geschenk in meinem Herzen.

Meine Vision ist es, Tausenden verwitweten Frauen zu helfen, auch wieder ein erfülltes Leben voller Glück und Lebensfreude zu haben und das Gefühl GANZ ICH sein zu erleben. Deshalb habe ich DIE NEUE WITWEN-GENERATION gegründet und ermutige Frauen dazu, sich die Power nach der Trauer zu erlauben, statt von schlechtem Gewissen geführt das Leben nur halb zu leben.

Der Blick auf die eigene Biografie und das kreative biografische Schreiben sind mir dabei besonders wertvolle Geschenke, denn zu meiner Wahrheit gehört es, dass alles in uns liegt und unsere Seelen sich freuen, wenn sich das ganze Potenzial zeigen und entfalten darf.

Wer mehr erfahren möchte, hier sind meine Kontaktdaten:
www.astrid-best-botthof.com
kontakt@astrid-best-botthof.com

Was nicht mehr ist,
können wir nicht mehr erleben.
Wir können niemanden zurückholen,
der für immer gegangen ist.
Wir können nichts rückgängig machen,
was einmal gesagt, getan oder geschehen ist.

Das Thema Trauer ist sehr vielseitig
und überfordert uns oft.
Wir stoßen an unsere Grenzen
und sehen kaum einen Weg daraus.
Hier knüpft Sascha Lühr an.
Er zeigt dir auf, wie eine Trauerbegleitung
aussehen und wie sie dich wieder
in dein Leben zurückbringen kann.

Sascha Lühr

Gar nichts wird gut!

Ich wünsche dir, dass du das niemals zu Ohren bekommst. Eventuell hast du es in der Trauer schon einmal gehört oder vielleicht sogar selbst zu einem Mitmenschen gesagt. Immer dann, wenn man einen geliebten Menschen loslassen muss, Vater oder Mutter verliert oder die eigenen Kinder zu Grabe trägt, dann hört man es, dieses: „Hey, alles wird gut!" oder „Die Zeit heilt alle Wunden."

Ich sage dir: Gar nichts wird gut! Was soll denn auch gut werden? Du hast gerade einen lieben Menschen verloren. Vielleicht deinen Vater, deine Mutter. Dein Kind sogar. Wie soll das jemals wieder „gut" werden?

Die Situation, einen geliebten Menschen zu verlieren, ist für uns alle sicher eine von Unverständnis geprägte Zeit. Zumindest kenne ich keinen, der dieses Leid einfach hinnimmt und mit dem Tagesprogramm weitermacht. Menschen, die einen schlimmen Verlust erlitten haben, glauben oft, dass sie den Verstand verlieren.

Es ist wichtig zu wissen, dass dieser Schmerz ganz normal ist und dass du dadurch nicht den Verstand verlieren wirst. Plattitüden wie „Alles wird gut!" oder „Das Leben geht weiter!" helfen hier reichlich wenig.

Durch solche Aussagen gibt man dem Hinterbliebenen eher das Gefühl, dass er nicht im Recht ist, so zu fühlen, oder es macht ihn sogar wütend, dass sich ein Dritter anmaßt zu glauben, diesen Schmerz nicht fühlen zu dürfen.

Ich möchte mich dir an dieser Stelle vorstellen. Mein Name ist Sascha Lühr und ich bin Mutmacher. Ich möchte dir einen Einblick geben, was dich bei einer Trauerbegleitung erwartet. Mein Anliegen ist es, dir den Schritt zu einer Begleitung zu erleichtern.

Als dein Trauerbegleiter nehme ich dich mit auf eine Reise durch die Trauer. Wir starten mit einem kurzen Telefonat. Wirklich kurz. An dieser Stelle ist es nicht an der Zeit zu erzählen, wer verstorben ist. Was die Todesursache war und wie unendlich groß das Leid ist. Keine Trauerbegleitung findet am Telefon statt. Wir könnten neumodisch einen Videocall starten, aber auch das ist unangebracht und trotz der visuellen Verbundenheit recht unpersönlich.

Was kann ich tun? Wie schnell brauchst du meine Hilfe? Wo fühlst du dich sicher und wohl? Das Wohlfühlen ist wichtig. Du musst nicht zu mir in die Praxis kommen. Viele möchten aber auch zu Hause raus. Dann ab an einen Ort, an dem man sich wohlfühlt. Wenn es das Meer ist, ist es das Meer, wenn es der Lieblingsbaumstamm ist, dann dort. Gleich. Buch geschnappt für wichtige Notizen, Taschentücher-Box und auf geht´s. Mehr braucht es im ersten Termin nicht.

Erzähl, was dich bewegt. Alles was du erzählst, ist gut. Du bestimmst den Informationsfluss, was nicht erzählt werden darf, muss ich auch nicht wissen. Bei mir legt keiner einen Seelenstriptease hin. Andererseits wird es auch kein Zuckerschlecken am Kaffeebuffet. Mit gezielten Fragen steige ich im Gespräch schon an der einen oder anderen Stelle ein und hake nach. Es ist mir wichtig herauszufinden, wie die Verbindung zum Verstorbenen ist.

Die Sorgen, Ängste, die Trauer arbeite ich gemeinsam mit dir auf. Das Verstehen, was ist und lernen, was sein kann.

Konkret sieht das so aus: Wir sitzen gemeinsam an einem Tisch oder sprechen per Videotelefonie miteinander. Visualisieren die Familienlandkarte oder ein anderes Tool, in dem du dich und den Ist-Zustand selbst neu betrachtest.

Das erste Thema ist es, den Tod an sich zu realisieren. Hierzu stelle ich dir viele Fragen. Zum Tod, zur Beerdigung an sich, zum genauen Ablauf. Hast du das Grab seither noch einmal besucht, wenn nicht – warum nicht? Gibt es Ängste oder andere Gefühle, die dich von einem Besuch am Grab abhalten? Und dann immer wieder ermutigen, dich doch mit dem Grab auseinanderzusetzen. Wieder und wieder sprechen wir über den Verlust, lassen hierbei alle Gefühle zu, um den Tod zu realisieren.

Erst wenn wir den Verlust realisiert haben, kann der Umgang mit dem emotionalen Schmerz beginnen. Das Grundgefühl ist dysphorisch. Negative Gefühle sind schmerzhaft und wollen nicht gefühlt werden, darum werden sie auch zumeist verdrängt. Es ist aber wichtig, diese Gefühle zu benennen, zu spüren und zuzulassen. In erster Linie handelt es sich bei den Gefühlen häufig um Wut.

Warum Wut, fragst du jetzt sicher zu Recht: Wut wird meistens empfunden und richtet sich gegen alle Umstände, die mit dem Tod in Verbindung stehen. Nicht jedoch auf den Verstorbenen. Die Wut kann sich beispielsweise gegen behandelnde Ärzte richten oder gegen Pflegepersonal. Oder, je nach Trauerart, gegen Familienmitglieder und andere Dritte – völlig unabhängig davon, ob überhaupt ein Zusammenhang mit dem Tod bestand. Die Wut ist oftmals unbegründet und subjektiv, sie wird häufig auch nicht als solche empfunden oder eben nicht zugelassen. Darum ist es mir sehr wichtig, über das Thema Wut zu sprechen und es zu fühlen. Ist man sich dieser Wut nicht bewusst, so richtet sie sich schnell gegen einen selbst und kann in Depression umschlagen. Diese wird dann vom Außen aber nicht als solche erkannt und wiederrum als Trauer abgetan. Wut ist ein Tabuthema und in unserer Gesellschaft nicht akzeptabel. Daher ist es so wichtig, dies anzugehen, sich aber nicht allein darauf zu stützen. Weitere Gefühle wie Schuld, Angst und Hilflosigkeit oder natürlich Traurigkeit besprechen wir beide ebenso gemeinsam.

Wir machen uns oft Vorwürfe, selbst nicht genug getan zu haben. Sich nicht verabschiedet zu haben oder ganz besonders schlimm, im Streit auseinandergegangen zu sein. Dieses Gefühl der Schuld ist meist irrational und wird nicht bewusst gefühlt. Auch über diese Gefühle werden wir beide sprechen. Mit Fragen wie: Was hätte noch gesagt werden müssen? oder Wenn du dich heute verabschieden könntest, dann ...

Angst und Hilflosigkeit sind sehr verbreitete Gefühle beim Verlust des Partners. Hier schauen wir, welche Rollen übernahm mein Partner in unserer Beziehung, welche Rollen muss ich nun übernehmen, muss ich neue Rollen lernen. Hier erarbeiten wir die To-dos für eine ordentliche Lebensführung.

Wie richtest du dich neu aus? Dies gelingt mit praktischen Beispielen und beginnt bei kleinen Aufgaben, wie dem Bedienen eines EC-Gerätes bei der Bank, um Bargeld abzuheben. Häufig sogar ganz banale, alltägliche Dinge.

Ja, und nicht zu vergessen, die Traurigkeit in der Trauer selbst. Darstellen, dass es absolut okay ist zu weinen, zu fühlen und in sich zu kehren. Nachzudenken und zu trauern. Auch hier gibt es viele schöne Dinge, die einem das Trauern leichter machen. Wenn das Weinen nicht hilft, dann das Sinnieren über Texte. Besonders gut bei passender Musik.

Zahlreiche Künstler verarbeiten in der Musik ihre eigene Trauer und lassen die Zuhörer teilhaben. Wie ein Film laufen die Bilder vor dem geistigen Auge ab, wenn man den Texten lauscht, und je nach Kontext findet man sich in den Liedern wieder und kann seine Trauer, seine Traurigkeit hierin finden und nachfühlen.

„Walzer für dich" von der Gruppe Pur, in dem der Tod des Vaters thematisiert wird, ist hier besonders eindrucksvoll. Erinnerungen an die Kindheit, an Erlebtes, aber auch an Negatives werden angesprochen. Doch erinnert sich der Sänger auch an den Umgang mit der Mutter, mit der Liebe und an das Gute. Wörtlich: Das Gute verinnern, das blieb. Du warst mein Papa, ich hatte dich lieb.

Der Ausblick in die Zukunft ist der kommende Teil dessen, was wir in weiteren Terminen ausarbeiten. Die Überwindung von Hindernissen und Anpassung an das Leben ohne den Verstorbenen. Welche Rolle hatte der Verstorbene im Familiengefüge? Es hilft, offen über alle Rollen zu sprechen. Gerade in der Partnerschaft auch über die eigenen Bedürfnisse.

Wie sind diese Rollen neu zu besetzen und durch wen, welche Rollen kannst du als Hinterbliebener selbst ausfüllen, welche Rollen müssen gegebenenfalls durch andere gedeckt werden? Hierbei gebe ich vor allem in Lebenslagen mit weitreichender Entscheidungskraft Hilfestellung. Nicht selten trennen sich gerade Frauen nach dem Tod ihres Gatten von Haus und Hof. Solch weitreichende Überlegungen sollten gut durchdacht sein und oftmals ist dies auch nur ein Davonlaufen vor dem Schmerz.

Wer kann dir also helfen? Was kannst du selbst erledigen? Was brauchst du? Dies im Dialog geklärt, gibt bereits viel Halt und Unterstützung. Hilfe zur Selbsthilfe, um neuen Mut zu fassen und dir auch selbst einzugestehen, dass du viel mehr erreichen kannst, als du denkst. Die Unterstützung in der Ausarbeitung dieser Fragen regt auch dazu an, neue Wege zu finden, um die Aufgaben zu lösen und natürlich zu hinterfragen, ob alles noch aktuell ist, wie man es bislang gehandhabt hat. Auch hier gibt es im Wandel der Zeit schon einige Dinge, die heute anders, einfacher sind, als vor Jahren oder Jahrzehnten gelernt. Hab keine Scheu, auch neue Dinge zu probieren.

Die Familienlandkarte zeigt die Verbindung zwischen lebend und tot, zwischen dem, was war und dem, was jetzt ist. Sie zeigt dir alle Mitglieder der Familie an oder des Systems, in der Reihenfolge ihres Erscheinens und deren Beziehung zueinander. Das Genogramm ist weder Familienaufstellung noch recherchierter Stammbaum, es stützt sich nicht auf Daten, sondern auf deine Erinnerungen, deine Erlebnisse, deine Befindlichkeiten und deine sozialen Knotenpunkte. Somit entsteht ganz schnell auf dem Papier ein Überblick über Jahrzehnte, der dir hilft, die eigene Geschichte einzuordnen, zu sortieren und aus diesen Ressourcen Kraft zu schöpfen.

Ein Trauerfall wird oft mit einem Mobile verglichen, das schief hängt, sobald ein Strang fehlt. Die Familienlandkarte ist ein ähnliches Bild. Auch hier sieht man sofort und ohne Wertung, welcher Strang ganze Systeme in Schieflagen bringt, wo Ressourcen und wo Blockaden sind.

In diesem Zusammenhang stellt sich auch immer wieder die Frage: Warum ich und warum ist mir das passiert? Warum sitze ich nun mit allem allein da? Leider lässt sich das nicht so einfach klären und bedarf der stetigen Wiederholung und Thematisierung. Es gibt keine sinnhafte Erklärung für das „Warum". In Beziehung zum Glauben und in Relation zur Logik kann man nur feststellen, dass es keinen Sinn macht, den Platz mit dem Verstorbenen zu tauschen. Sich seiner bewusst zu werden und sich des eigenen Lebens, dem Sinn des Lebens bewusst zu werden, ist eine Aufgabe, die du als Hinterbliebener jedoch nur selbst finden kannst. Meine Unterstützung hierbei ist jedoch gewiss.

Was ist mit den schlimmen Tagen? Trotz der Arbeit mit mir als Trauerbegleiter bin ich nicht immer da. Es werden Tage kommen, an denen geht es schlimmer. Diese Tage müssen angesprochen werden, bevor es dich in eine erneute tiefe Trauer zieht. Neben den schlimmen Tagen, wie sie immer mal vorkommen, sind aber besondere Tage mit gemeinsamen Erinnerungen geradezu prädestiniert für Tage des Trauerns. Gemeinsame Tage wie Hochzeitstag, Verlobung, Geburtstage, aber auch familiäre Tage wie Weihnachten, Ostern, an denen die ganze Familie zusammenkommt und nun jemand fehlt.

Das Paraphrasieren solcher Tage bereitet uns auf diese Situationen vor. Was wäre wenn. Wie stellst du dir diesen Tag ohne den Verstorbenen vor und was könnte im schlimmsten Fall passieren?

Spielen wir diese Tage einmal gedanklich durch und auch hier ist zu schauen, welche Rolle spielte der Verstorbene in der Situation. War es traditionell so, dass der Verstorbene jahrein, jahraus die Gans anschnitt, dann gilt es heute schon zu überlegen, wer diese ehrenvolle Aufgabe zukünftig übernimmt. Oder es gibt fortan Pastete.

Der Platz des Verstorbenen ist ein besonderer. Dies meint nicht das Grab an sich, an dem der Verstorbene seine letzte Ruhe findet, nein, es meint vielmehr einen Ort, einen Platz, der vom Außen zum Innen geht. Sprichwörtlich trägt man den Verstorbenen immer im Herzen, allerdings muss dies auch tatsächlich so geschehen. Die Möglichkeit, an neue Beziehungen anzuknüpfen, besteht nur dann, wenn dieser Punkt in dir geklärt ist. Im Inneren sind Kommunikation und die Bindung zum Verstorbenen weiter möglich und auch unbedingt hilfreich. Oftmals, wenn man vorschnell neue Beziehungen knüpft oder direkt in eine neue Beziehung einsteigt, kommt das Gefühl des „Verrats am Partner" hoch – ähnlich wie Reue nach einem Seitensprung. Erst wenn der Platz des Verstorbenen geklärt ist, ist auch eine neue Bindung möglich.

Ein sehr gutes Tool, das ich ganz sicher in der Trauerarbeit mit dir ausarbeite, ist das „Flicken" der zerbrochenen Verbindung zum Verstorbenen. Klingt erst einmal komisch, doch setze ich hier auf eine ganz simple Technik, die jeder, egal welchen Alters, versteht. Denn auch kleine Kinder wissen bereits, dass man kaputte Dinge wieder kleben kann.

Was passiert? Deine Verbindung zum Verstorbenen zerbricht in der Trauer. Der Schmerz, Wut und Leid, all diese Eindrücke fallen über dich herein. Die Verbindung zum Verstorbenen wird nie wieder dieselbe sein. Daher habe ich mir die Erklärung der japanischen Technik Kintsugi zu Eigen gemacht.

Kintsugi passt für mich so schön ins Gefüge, da es übersetzt ins Deutsche Goldverbindung bedeutet. Manchmal auch Goldflicken, daher mein einleitender Bezug, Verbindungen zu flicken.

Das Prinzip ist schnell erklärt. Gold ist einer unserer edelsten Stoffe und somit besonders wertvoll. Besonders wertvoll sind auch deine Verbindungen zum Verstorbenen. Du magst dir sicher gut vorstellen können, wie du nun diese zerrissenen Verbindungen durch die Kintsugi-Methode heilst.

Die japanische Methode setzt zerbrochene Keramik zusammen. Hierbei werden Keramik- oder auch Porzellanstücke mit Urushi-Lack geklebt. Fehlen Teile, wie bei uns Menschen vielleicht Erinnerungen fehlen oder Verbindungen verloren gegangen sind, so werden diese fehlenden Stücke mit Urushi-Kittmasse aufgefüllt, in die Pulvergold eingestreut wird.

So entsteht eine neue Keramik. Ohne Zweifel wird es nicht mehr dieselbe Keramik sein wie zuvor, doch fehlende Stücke sind wertig ersetzt und ergänzt worden. Zudem gewinnt die Keramik durch die besondere Technik an Wert.

Ebenso ist es bei deinen Verbindungen. Auch hier ersetzen wir fehlende oder vergessene Informationen durch goldene Anteile in der Beziehung. Die Beziehung wird nie wieder dieselbe sein, allerdings wird sie durch die Kintsugi-Technik und das bewusste Auffüllen der zerbrochenen Verbindungen und entstandenen Lücken zu einer neuen, wertvolleren Beziehung. Meist bestehend aus durchweg positiven Erinnerungen. Kannst du dir so eine neu gestaltete Verbindung vorstellen?

Die Reise durch die Trauer ist wirklich nicht einfach. Gedanklich kannst du dir Trauer tatsächlich wie eine Reise vorstellen. Sicher wird es dir ein wenig die Angst nehmen vor dem, was kommt. Ich skizziere dir einmal grob den Weg durch die Trauerlandschaft. Wir starten gemeinsam im blinden Fleck.

Der blinde Fleck

Die Reise durch die Trauer beginnt mit einer großen Unbekannten. Einem blinden Fleck. Eine Gegend des Nicht-Wahrhaben-Wollens. Es gibt für diese Gegend keine Landkarte, kein Navi, was einen hier durchschleust. Es gibt auch keine befestigten Wege, keine bestimmte Richtung. Dafür gibt es zahlreiche Sackgassen, Irrwege und andere Dinge, die einem Angst machen. Alles diesig und nebelig, doch trotzdem funktionieren wir im Alltag. Ziehen uns allein in Verstecke zurück, wenn wir nachdenklich und einsam sind.

Die Tränen kullern leise über unsere Wangen und der Schmerz sticht wie Brennnesseln auf der Haut. Einsamkeit und Isolation um uns herum, immer wieder stürzen Emotionen auf uns ein. Unverständnis und eisige Kälte ist das, was uns begegnet. Die Grenze zu den benachbarten Regionen ist in weiter Ferne.

Herzbruch

Willkommen im Land der unkontrollierbaren Gefühle. Diese Region ist kalt und grob. Der Nebel lichtet sich hier, Wegweiser und Pfade werden sichtbar. Schwach macht man sich auf den Weg, stolpert an jeder Ecke über aufbrechende Gefühle. Eine Mischung aus Wutwald und Treibsand, mitten im Regen oder allein in einem dunklen Keller.

Doch mit jedem Schritt geht man voran und es wird immer klarer. Die Geister des Weges verschwinden und man findet Platz, seine Erschöpfung in Ruhe auszuschlafen. Ein Blick zurück zeigt die Fußabdrücke und man erkennt, dass immer etwas bleibt, wenn etwas geht.

Erinnerungswald

Die Wanderung durch den Erinnerungswald. Das Sternbild der Hoffnung. Wir fragen uns: Wo bist du jetzt? – Im Erinnerungshalt versuchen wir, Kontakt zu halten. Mit Selbstgesprächen, Brücken, Erinnerungen. Ordnen Erlebtes in einem Tagebuch. Suchen, finden, sortieren und setzen unser Mobile wieder ins Gleichgewicht.

Morgenland

Angekommen im Morgenland darf die Sonne wieder scheinen. Sie lockt mit neuen Aussichten. Optimismus zeigt uns den Weg in die Zukunft. Wir sind nicht allein. Wie von einem Leuchtturm kann man zurückschauen auf die Trauerwelt. Man sieht seine Freunde, erkennt die schönen Seiten der Trauerwelt. Das Schwere fällt immer weiter ab und Leichtigkeit erklimmt das Herz. Wir setzen ein Schiffchen beladen mit unseren Wünschen ans Meer und senden es hinaus in die Welt. Vollbeladen mit Wünschen für andere und für uns selbst.

Eine spannende und aufregende Reise, ohne Zweifel wird sie dich viel Kraft kosten. Doch wann ist die Trauer zu Ende? Auch hierüber werden wir sprechen. Meist ist es so, dass die Hinterbliebenen sagen: Ich kann den Tod nun akzeptieren und die Verbindung zum Verstorbenen ist eine neue gute, stabile Bindung. Was wir noch besprechen? Alles – jedes Tabuthema findet seinen Platz. Es gibt absolut keinen Grund, der nicht akzeptabel ist oder den du nicht mit mir teilen kannst. Einige Beispiele und auch besondere Todesarten und deren Tücken habe ich hier für dich zusammengefasst:

Wenn man nicht trauern darf

Wenn man nicht trauern kann, ja so etwas gibt es, dann ist eine Trauerbegleitung unabdingbar. Hier in der Trauerbegleitung findet der Hinterbliebene die Möglichkeit, trauern zu können. Ich möchte hier eine mögliche Gegebenheit aufzeigen, um noch mehr Verständnis für die Begleitung zu erlangen.

Ein angesehener Geschäftsmann, gestanden und erfolgreich, in unglücklicher Beziehung zu seiner Frau, verliebt sich in seine Sekretärin. Eine Trennung von seiner Frau ist aus Imagegründen, der Kinder wegen oder aus finanziellen Gründen nicht angedacht. Alle Beteiligten wissen um die Lage, doch jeder schweigt. Die Sekretärin verstirbt. Zu Hause macht die Frau ihrem Mann das Leben zur Hölle, kein Ort, an dem er trauern kann. In der Firma, auf Reisen oder in Geschäftsterminen darf er ebenfalls nicht trauern. Niemand soll von der Bindung zu seiner Sekretärin erfahren.

Hier hilft ein Trauerberater, denn dort im geschützten Rahmen ist das Trauern sicher möglich. Nichts dringt nach außen, die Verbindung zur Verstorbenen baut sich neu auf und nach außen bleibt notwendige Haltung gewahrt.

Suizid

Hier ist bei den Hinterbliebenen häufig die Scham sehr groß. Angehörige stellen sich die Fragen, ob und wie sie den Suizid hätten verhindern können. Das Thema Suizid an sich ist zudem sehr stigmatisiert. Die Umwelt und die anderen Menschen wollen nicht darüber reden.

Hier prägen verschiedene Gefühle besonders die Trauer. Das Schuldgefühl: Ich hätte was unternehmen müssen. Besonders dann, wenn man im Streit auseinandergeht, nach einer Trennung oder wenn man darüber hinaus in einem Abschiedsbrief erwähnt wird. Auch Wut, die häufig mit der Schuld einhergeht: Warum hat er nichts gesagt? Weißt du, was du mir damit antust? Oder auch: Warum hast du das getan?

Ich bin verlassen worden, also bin ich auch nichts wert ... ein geringes Selbstwertgefühl stellt sich ein. Besonders, wenn dir in einem etwaigen Abschiedsbrief auch noch Vorhaltungen gemacht worden sind. Hier stelle ich dir den Bezug zur Realität wieder her. Deine Schuldgefühle besprechen wir und klären, ob diese überhaupt tatsächlich Bestand haben. Die Wahrnehmung unterschiedlicher Positionen und das Verständnis des Verstorbenen zu bestimmten Ereignissen. Wir erarbeiten ein Verständnis für das suizidale Ende und betrachten die Beziehung aus der Metaebene.

Plötzlicher Tod

Bei einem Tod durch ein plötzlich einhergehendes Ereignis wie Herzinfarkt, Unfalltod oder sogar Mord tritt oftmals ein surreales Gefühl ein. Der plötzliche Tod will nicht akzeptiert werden. Hier gibt es von mir dann auch mal in einem klaren Ton den aktuellen Istzustand: … ist tot. Wenn möglich, schau dir die Leiche noch einmal an!

Erst wenn der plötzliche Tod realisiert ist, können wir mit der eigentlichen Trauerarbeit beginnen. Die eingangs erwähnten Plattitüden „das Leben geht weiter" und dergleichen sind hier besonders schwer und lösen eine tiefe Trauer aus. Von mir gibt es an dieser Stelle eher ein: „Du wirst deine Trauer überleben."

Der plötzliche Tod trifft uns besonders, weil unvorbereitet. Es besteht hier keine Möglichkeit, dass du noch Abschied nimmst, bislang ungelöste Konflikte beendest oder dass man noch Themen loswird, die hätten gesagt werden müssen.

Das plagt sehr häufig unser Schuldgefühl. Hier arbeiten wir gemeinsam an der Korrektur.

Fehl- und Totgeburten

„Ich kann leider keinen Herzschlag finden." Vor diesem Satz fürchtet sich sicher jede werdende Mutter. Das Baby, auf das man sich eben noch gefreut hat, lebt nicht mehr. Ein unglaublicher Schock, den man erst einmal verkraften muss. Wie soll man mit diesem Verlust klarkommen?

Fehlgeburten sind nicht zwingend einem Fehler zuzuschreiben, das macht es, denke ich, zu einem noch größeren Tabu, als es ohnehin schon ist. Sprechen wir fortan lieber von einer stillen Geburt. Allein für die eigene Einstellung ist dies schon ein großer Schritt in Richtung Heilung. Still, weil das Kind in diesem Leben keinen Laut von sich gegeben hat. Leider sind diese stillen Geburten gar nicht so selten. Man geht von rund einem Viertel aller Geburten aus, die still verlaufen.

In Bezug auf die Trauerarbeit arbeite ich mit dir aus, dass tatsächlich kein Fehler oder kein Fehlverhalten durch dich zu dieser stillen Geburt geführt hat. Das Verständnis für einen natürlichen Prozess zu wecken und klarzustellen, dich trifft keine Schuld, sind hierbei die wichtigsten Faktoren. Dein Körper reagiert empfindlich auf das kleine Baby in deinem Bauch und merkt, wenn etwas nicht stimmt. Wenn das kleine Seelchen nicht lebensfähig ist, sorgt der Organismus der Mutter dafür, dass es den Körper wieder verlässt. Und das, liebe Mütter, ist ein wahres Wunder. Kein Fehler!

Im Allgemeinen bedarf der Verlust von Kindern besonderer Aufmerksamkeit. Neben der eigenen Trauerarbeit musst du hier auch sensibel auf dein Umfeld achten. Besonders Väter leiden oftmals an einer Doppelbelastung und erfahren weniger soziale Unterstützung. Als Mann musst du für die Familie da und der starke Partner sein, gleichzeitig erwartet das Umfeld jedoch auch emotionale Reaktionen.

Kinder

Die Trauer nach dem Tod eines Kindes ist oft langjährig für alle Beteiligten. Besonders Themen wie „Ich muss mein Kind beschützen" oder „Warum musste mein Kind sterben und nicht ich?", meist zudem noch gepaart mit Vorwürfen wie „Wenn ich (nicht) das und das getan hätte, dann ..." belasten meist nicht nur dich selbst, sondern auch dein Umfeld.

Die nachfolgenden Kinder übernehmen oft unbewusst die Rolle des toten Kindes, deshalb ist es wichtig, dass wir darüber sprechen, dass du deinen Kindern den Tod vom vorhergehenden Kind nicht verschweigst. Insbesondere, weil das verstorbene Kind oft überidealisiert wird und die nachfolgenden Kinder dies dann leisten sollen. Achte also darauf, dass du deine Kinder nicht als Projektionsfläche dessen benutzt, was du für dich als Ideal eines Kindes siehst. Die Kinder wissen nicht darum und können mit der Situation nicht umgehen.

Was mich dazu bringt, an dieser Stelle einzuhaken und dir ans Herz zu legen, auch mit deinen Kindern über den Tod zu sprechen. Geschwisterkindern wird oftmals in der Trauer nicht geholfen, da die Eltern der irrtümlichen Meinung sind, dass die Kinder noch zu klein sind, um den Tod zu verstehen. Sicher sind die Worte und das Verständnis ein anderes, doch den Verlust zu begreifen und zu verstehen, dass ein geliebter Mensch nun nicht mehr Teil des Lebens ist, das geht bereits im Kleinkindalter.

Sex

Mit mir kannst du auch all deine intimen Themen besprechen. Es ist keine Seltenheit, dass sich Paare nach dem Tod von Kindern trennen. Besonders häufig ist hier das Thema Sex einer der Hauptgründe. Der Partner benötigt Sex als Nähe, was der andere Partner aber nicht versteht. Oder andersherum, ein Partner möchte keinen Sex haben und stößt damit auf Unverständnis. In dieser Situation ist es unabdingbar, offen mit deinem Partner dieses Thema zu besprechen.

Streit und Schuld

Weitere Themen, die neben der Trauer stattfinden können und zumeist auch unangebracht und widerlich sind, gehören ebenso zu unseren Gesprächen dazu. Streit in der Familie – meist um den Nachlass oder das gegenseitige Zuweisen von Schuld, um einen Sündenbock auszumachen. All diese „Nebenkriegsschauplätze" behindern dich in deiner Trauer und verlängern den Prozess immens. Oft um Jahre. Hier gilt es, sich klar auf der Sachebene von diesen Themen zu distanzieren. Alles hat seine Zeit. Streit und Schuld sind in der Trauer nicht angebracht.

Antizipatorische Trauer

Die Trauer vor dem Verlust eines geliebten Menschen. Es kann auch gut sein, dass du zu mir kommst, um mit mir über den anstehenden Verlust eines geliebten Menschen zu sprechen. Diese Trauer vor dem Eintreten des Todes wird häufig durch die Diagnose einer unheilbaren Krankheit ausgelöst.

Antizipatorische Trauer kann genauso intensiv sein wie andere Formen der Trauer und ebensolche Symptome umfassen. Dies ist völlig normal, besonders wenn sie an ein enges Familien-mitglied gebunden ist, welches bald sterben wird. Angst und Furcht sind dabei oft noch bedeutendere Teile als bei der herkömmlichen Trauer. Die Angst, bald allein zu sein, wie das Leben zukünftig aussehen wird und wie es sein wird, kann zu extremer Angst führen, die vorausschauenden Kummer bildet.

Aber auch hier kann ich dir schon jetzt sagen: Du bist kei-neswegs verrückt! Alle deine Befürchtungen sind real und berechtigt. Es ist völlig normal, dass sich vorweggenommene Trauer wie eine Achterbahnfahrt anfühlt.

Aber du hast eine ganz wichtige Entscheidung getroffen. Ich bin dein Trauerbegleiter.

Sascha Lühr

Mutmacher, Coach. Therapeut.

Moin aus Soltau!

Ich wurde 1980 in Bremerhaven geboren. Auch wenn es mich im Jahr 2007 nach Soltau in der wunderschönen Lüneburger Heide verschlagen hat, habe ich mir meinen norddeutschen Charakter bis heute bewahrt. Den Konflikten und Problemen meiner Kunden begegne ich mit meiner ehrlichen und Dinge auf den Punkt bringenden norddeutschen Art. Und davon profitierst auch du. Als Kind der Küste habe ich gelernt, dass der Wind meist von vorne kommt. Doch gerade der Gegenwind stärkt den Charakter. Außerdem bin ich es gewohnt, Dinge direkt anzupacken und nicht lange um das Wesentliche herumzureden. Auf meine Ehrlichkeit und Aufrichtigkeit kann man sich während unserer Gespräche immer verlassen.

In der Trauer begegnen uns so viele, oftmals auch gegensätz-liche Gefühle, wie zum Beispiel Traurigkeit, Wut, Scham, Schuld etc. Oftmals wechseln sich diese Gefühle schnell ab. Manchmal fühlen wir uns hilflos, allein gelassen oder ganz von unseren Gefühlen abgetrennt.

Ich begleite dich gerne auf deinem Weg der Trauer, erinnere mich mit dir an das, was war, blicke gemeinsam mit dir nach vorne und helfe dir, deine eigenen Lösungen für das zu finden, was jetzt ist und sein kann.

Rufe mich an oder sende mir eine E-Mail – und wir starten in deine Zukunft.

Kontakt:
Tel. +49 5191 9984782
coaching@teamluehr.com
www.teamluehr.com

Wie können wir in Würde altern?
Wie können wir in Würde sterben?
Wie kann in Würde mit unserer Krankheit
umgegangen werden?

Unser letzter Weg wird der wohl
persönlichste und mit der intimste Abschnitt
werden, den wir alle gehen dürfen.
Daher dürfen wir hinschauen und
uns für unsere Würde stark machen,
„denn Sterben ist noch Leben"
heißt es in der Überschrift von Birgit Proske.
Sei gespannt, welche Werkzeuge sie
für dich bereithält und
wohin sie dich begleiten wird.

Birgit Proske

„Denn Sterben ist noch Leben ..."

Der „Trauer" auf der Spur

Liebe Leserinnen und Leser,
in meinem Beitrag möchte ich Sie mitnehmen auf eine Reise in die Welt von Trauernden, vor allem im Pflegeheim, aber auch darüber hinaus. Ich lade Sie ein, sich zu mir zu setzen mit einer Tasse Tee oder Kaffee und sich einer Welt zu öffnen, die Sie so vielleicht noch nie bedacht haben. Obwohl, wer weiß, vielleicht fühlen Sie sich auch bestätigt in dem, was Sie selbst schon erlebt haben! Das wäre doch auch wunderbar und unterstützend!

Es geht gleich mit einigen intensiven Szenen los ...

Szenen, irgendwo in Deutschland im Pflegeheim-Alltag …

Eine Frau wirkt fast hysterisch und giftet die völlig entsetzte Betreuungskraft an: „Sie lassen ja meine Mutter völlig verwahrlosen! Ich erwarte, dass Sie sie aus dem Bett holen. Ich will, dass sie einen Termin beim Frisör bekommt. Und ich will, dass sie zum Bingo mitgenommen wird!" Die Betreuungskraft wirkt verzweifelt und versucht, sich Gehör zu verschaffen … „Aber Ihre Mutter stirbt doch! Sie kann nicht mehr rausgenommen werden!" „So ein Blödsinn, wer hat Ihnen das denn gesagt??" … Die Betreuungskraft weiß sich nicht mehr zu helfen und holt die Pflegedienstleitung.

Eine weitere Szene: Eine Frau zerrt auf dem Flur an ihrer Mutter herum: „Nun komm schon! Geht das heute wieder langsam! Ich hab nicht so viel Zeit! Komm schon, wir wollen doch in die Cafeteria!" „Warte doch, warte, ich kann nicht so schnell", sagt die Mutter verzweifelt, „hach, immer diese Hektik mit dir, wenn du kommst! Ich kann nicht so schnell. Ich möchte erst noch auf die Toilette …" Die Tochter verdreht ungehalten die Augen.

Eine dritte Szene: Ein Auto hält vor einem Pflegeheim. Drei Personen sitzen im Auto. Mutter, Tochter, Schwiegersohn … Eine Pflegekraft kommt aus dem Heim dazu, will die alte Dame freundlich in Empfang nehmen. Doch die alte Dame weigert sich standhaft auszusteigen. „Ich gehe in kein Heim! Lieber sterbe ich hier und jetzt! Ich rede kein Wort mehr mit euch, wenn ihr mich hier absetzt!" „Aber Mutter, wir haben doch alles besprochen! Du warst hier und hast dein Zimmer schon gesehen. Du hattest zugestimmt, hierherzukommen." „Aber jetzt will ich nicht mehr! Ich will nach Hause.

Ich war immer für euch da und hätte euch niemals wegge-
geben!" „Das ist unfair und das weißt du! Wir können dich
zu Hause nicht pflegen. Ich dachte, dass wir alles besprochen
hätten ..." (Die Tochter kann ihre Tränen kaum mehr zurück-
halten.) Die Pflegekraft schaltet sich ein und sagt: „Frau Mül-
ler, wir freuen uns auf Sie! Wollen Sie es nicht versuchen?
Kommen Sie mit. Der Kaffeetisch ist gedeckt. Wir erwarten
Sie. Ihre Zimmernachbarin freut sich schon auf Sie ..."

Wir klinken uns aus.

Ich füge als Viertes eine Erinnerung aus meiner Jugend an:
Meine Großmutter war eine tolle, humorvolle und extrem
weitherzige Frau, die sich riesig freute, anderen Menschen
eine Freude zu bereiten. Von ihr lernte ich den Spruch kennen: „Vorfreude ist die schönste Freude! War das ein Spaß,
das Geschenk für dich auszusuchen, komm, mach mal auf!"
Und sie konnte ihre Begeisterung kaum bändigen ... Ein toller Mensch, den ich immer noch zutiefst liebe, auch dreißig
Jahre nach ihrem Tod. Mit Freude trage ich inzwischen ihren
Schmuck als Erinnerung! Sie wurde nicht verschont von der
Krankheit Alzheimer und so kam ich schon sehr früh mit dem
Thema „Pflegeheim" in Berührung und den riesigen Veränderungen meiner Großmutter, der Verzweiflung meiner Mutter
über die ganze Lage und den Schwierigkeiten in einer Familie,
wenn das alles so passiert. Wir bekamen so viele Anrufe von
ihr voller Verzweiflung: morgens, mittags, abends, nachts. Es
war Telefonterror. Natürlich Ausdruck tiefster Verzweiflung
meiner Großmutter. All das ging uns allen an die Nieren.

Ich erinnere mich an ganz andere Szenen mit meiner Großmutter voller Harmonie und Lebensfreude, wenn sie gut
gelaunt auf der Dachterrasse des Pflegeheimes sich bei uns
eingehängt hatte und aus vollem Hals den Jopi-Schlager
(Johannes Heesters) sang: „Heut geh'n wir ins Maxim ..."

Dazwischen lag eine ereignisreiche Zeit, das kann man wohl so sagen. Die Alzheimer-Erkrankung meiner Großmutter war vorangeschritten. Sie war wieder in ihrem Element: froh, dankbar, gut gelaunt, singend und sich an ganz vielen Dingen erfreuend. Telefonanrufe gab es schon lange nicht mehr. Dafür wirkte ihre gute Kinderstube. Das machte sie durchaus beliebt bei den Pflegekräften, wie ich damals nur so nebenbei erfuhr und heute ganz anders einschätzen kann.

Der Trauer auf der Spur

Vielleicht fragen Sie sich, warum diese Szenen hier in diesem Buch vorkommen? Es sind Erfahrungen und Beobachtungen von mir in Pflegeheimen, die mir zeigen, dass „Trauer" gerade dort eine sehr große Rolle spielt. Und es erstaunt mich immer wieder, wie wenig darüber gewusst wird. Und wie wenig „Trauer im Pflegekontext" eigentlich bewusst wahrgenommen und damit umgegangen wird. Da ich inzwischen auch als Dozentin arbeite und speziell die Gesundheits- und Pflegebranche fortbilde, habe ich auf diesem Gebiet bereits Fortbildungen erarbeitet. Auch der Beitrag in diesem Gemeinschaftswerk soll ein Stück Aufklärung sein und zu besserem Verständnis führen.

Trauer? Wovon reden wir hier eigentlich? Was ist das letztendlich?

Wenn wir „Trauer" hören, denken die meisten Menschen sofort an einen Todesfall und wie ein Mensch dann mit dem Verlust eines Angehörigen umgeht. Das ist natürlich richtig. Das ist „Trauer": emotionales Chaos, körperliche Betroffenheit, Kopfstand mitten im Leben, wenn alles zu zerbröseln scheint.

Wer trauert, hat die Aufgabe, sein Leben irgendwann wieder einmal mit einem Lächeln leben zu können; ganz anders wahrscheinlich als vorher, aber auch wieder lebbar und hoffentlich wunderbar. Wie lange das dauern mag? Das kann niemand sagen. Sicher ist, dass das sogenannte „Trauerjahr" normalerweise zu kurz greift. Es kommt darauf an, wie die Situation ist und welche Persönlichkeit der Trauernde hat. Es kann und darf so lange dauern, wie es eben dauert. „Es ist, was es ist", sagt die Liebe. Sie schreibt nicht vor, wie lange es für die anderen angenehm ist mit auszuhalten und wie lange das soziale Umfeld zu warten bereit ist, bis der Mensch dann doch bitte wieder in die Spur kommen soll und zwar am besten wie vor dem „Ereignis". Daraus wird sicherlich nichts.

„Trauer" wäre zu kurz gegriffen, wenn wir nur von „Trauer nach dem Tod eines Menschen oder Haustieres" denken würden. Bei „Trauer" geht es um Verlust. Es ist eine Reaktion auf ein Verlustgeschehen und da weitet sich das ganze Spektrum schon enorm.

Machen Sie doch bitte diese kleine Übung mit, die ich auch immer einbinde in meinen Kursen und überlegen Sie sich, was Sie im Leben schon alles für Verlust-Situationen zu bestehen hatten. Fangen Sie in Ihrer Kindheit an (z. B. die Geburt selbst oder Verlust des Lieblingsstofftieres oder eine Kindergartenfreundin) und gehen Sie gedanklich weiter bis zum heutigen Tag, da Sie diese Zeilen lesen: Umzüge; zerplatzte Träume, Trennung in Beziehungen, lebensverändernde Krankheiten, natürlich Todesfälle usw.

Wie Ihre persönliche Aufstellung wohl aussehen mag?

Sicherlich konnten Sie einiges aufschreiben. Staunen Sie über die Anzahl der Verlust-Situationen? Falls ja, ich kann Ihnen versichern, dass Sie damit nicht allein sind. Es kommt so oft vor, dass es eigentlich noch erstaunlicher ist, wie unbewusst wir in der Gesellschaft damit umgehen und dass es kein Thema in Schule, Studium oder Ausbildung ist.

Die Abläufe, also das, was man dann durchlebt, sind immer ähnlich. Natürlich mit unterschiedlicher Intensität. Du bekommst eine Nachricht über den Verlust und kannst es erst nicht glauben. Es braucht Zeit, bis es im Körper sackt. Sozusagen vom ersten Hören bis in jede Zelle. Dann brechen viele Emotionen auf, denen du dich stellen musst und das ist sehr anstrengend. Dann beginnt die Zeit, wo es in dir schon ein Wissen zu geben scheint, dass die Nachricht richtig ist und du pendelst innerlich zwischen Rückschau auf das, was war und dem Jetzt, wo du dich neu einrichten musst und den Dingen, die jetzt zu tun sind. Dann kommt die Zeit, in der du versuchst, ohne das Verlorene auszukommen und wieder neu und gut Fuß zu fassen und es wieder zu deinem Leben zu machen, natürlich anders als vorher, aber auch (wieder) gut. Das wäre dann „gelungene" Trauerarbeit.

Verena Kast sprach von „Phasen", die man durchläuft. Das hört sich für meine Ohren sehr glatt und gleichförmig an. Und manche Menschen meinen dann ablesen zu können, wo sie gerade stehen und bekommen Angst um ihre Entwicklung, wenn es anders ist. Wir sind aber alle anders. Und so darf „Trauer" auch individuell empfunden und durchlebt werden. Es gibt ein weiteres Trauer-Modell von William Worden, das den Trauernden Aufgaben gibt, in Anlehnung an die Phasen.

Das ist eine gute Weiterentwicklung, wie ich meine. Eine Aufgabe kann ich annehmen oder auch mal ruhen lassen, dennoch ist es meine Aufgabe. Alles in meinem Tempo.

Ein weiteres Modell von Stroebe und Schut wird als „Duales Prozess-Modell" bezeichnet. Es ist mein persönlicher Favorit, weil ich aus meiner eigenen Trauerzeit hier sehr viel wiederfinde. 2002 starben meine Eltern beide innerhalb eines Monats. Kein Tag war damals wie der andere. Es gab sehr viel zu tun. Natürlich die Trauerfeiern zu organisieren. Die vielen Fragen auszuhalten und auch das Ungefragte. Manchmal am Ende jeder Kraftreserve zu sein und doch nicht aufzugeben. Das Ingenieurbüro meines Vaters mit aktuellen Aufträgen noch abzuwickeln und aufzulösen. Und was sollte mit meinem Elternhaus geschehen? Damals war ich Pfarrerin und lebte in einem Pfarrhaus. Es gab so viel zu bedenken und zu entscheiden, zu räumen, zu managen ... auch neben all der Trauer und Verzweiflung. Es gab Tage, die gut anfingen und plötzlich ganz anders wurden und andersherum. Es gab Gedanken, die mich nach vorn blicken ließen und schmerzhafteste Erinnerungen, die fast nicht zu ertragen waren und auch körperlich wehtaten. Und alles, was gerade ein bisschen positiv zu laufen schien, wurde jäh wieder eingerissen. Bei Stroebe/Schut heißt es, zwischen „verlustbezogener" und „wiederherstellungsorientierter" Seite pendeln. Genau so habe ich es erlebt: Wie auf der Achterbahn, ein Auf und Ab. Das ist sehr anstrengend für die Trauernden. Und natürlich auch für das nähere und weitere soziale Umfeld. Dabei ist es wenig hilfreich, wenn von der Gesellschaft immer erwartet wird: Nun ist es aber gut, jetzt solltest du wieder funktionieren! Reibungslos, wie vorher. Ich hatte zum Glück sehr viel Unterstützung damals und damit nicht zu kämpfen, vielen Menschen geht es allerdings anders.

Bitte haben Sie Verständnis und Geduld. „Trauer" ist ein Prozess und der dauert und braucht seine Zeit. Und auch allen Trauernden möchte ich sagen: Nehmen Sie sich die Zeit, die Sie brauchen. Halten Sie inne und nehmen Sie Ihre Gefühle, die Sie dabei entdecken ernst, auch wenn Sie nicht um einen Menschen trauern, sondern eine andere Verlustsituation betrauern. Denn Verlust ist Verlust und will bearbeitet werden. Und das braucht einfach Zeit! Rituale können hilfreich sein dabei.

Ich liebe Rituale!

Ich persönlich liebe Rituale. Sie sind gedacht und entwickelt worden, um innezuhalten. Und um als betroffener Mensch mit Haut und Haaren, in jeder Zelle zu begreifen, dass ein Umbruch geschehen ist oder bevorsteht. Durch ein Ritual wird ein neuer Lebensabschnitt eingeläutet (z. B. Taufe oder Segnung eines Kindes; Einschulung; Konfirmation; Erstkommunion; Jugendweihe; Abschlussfeiern am Ende einer Ausbildung; Urkundenüberreichung; Einweihungsfeiern; Hochzeit; Ehejubiläen; Ruhestand; Beerdigung; Gedenkfeiern …). Da wir heute sehr frei sind – in so ziemlich allem –, können wir auch ganz eigene Rituale entwickeln. Sie müssen uns etwas bedeuten und dürfen nicht sinnentleert wirken, wie manche alten überlieferten Rituale, die wir nicht mehr so einfach verstehen. Dann werden sie hilfreich und öffnen einen Raum für Neues. Wir betrauern das, was nicht mehr ist und bekommen hilfreiche Unterstützung, Energie und Kraft für den neuen Weg.

Rückbesinnung auf die Eingangs-Szenen …

In der ersten Szene war die Tochter nicht so weit zu verstehen, dass die Mutter im Sterben liegt. Diese Botschaft kam eventuell an ihre Ohren, aber nicht weiter. Sie hat nun die Aufgabe, sich mit der Botschaft auseinanderzusetzen und auch im Körper mit jeder Zelle zu begreifen: „Mutter liegt im Sterben." Ich erlebe das immer wieder bei der Sterbebegleitung, dass unterschiedliche Menschen im Umfeld des Sterbenden an unterschiedlichen Wegstationen stehen. Das ist gar nicht schlimm, sondern es ist einfach so. Und es ist gut, sich das bewusst zu machen. Umso wichtiger ist hier das Gespräch mit der Tochter bzw. der ganzen Familie, um sie in den Sterbeprozess mit hineinzunehmen und so auf gleiche Höhe zu stellen wie die sterbende Mutter auch. Denn nur so können beide füreinander gut da sein. Vielleicht gibt es noch etwas zu bereinigen in der Mutter-Tochter-Beziehung? Auf jeden Fall ist es schön, wenn die gemeinsame Zeit gut im Miteinander genutzt werden kann. Das hört sich jetzt vielleicht „aktiver" an, als es gemeint ist. Auch ein Beieinandersitzen und einfach da sein ist gut genutzte Zeit. Dieses Aushalten, manchmal ohne etwas tun zu können, ist gar nicht so einfach für viele Menschen. Deshalb ist es entlastend, Angehörige bei der Palliativpflege (der Pflege im Sterbeprozess) mit einzubeziehen. Sie können z. B. Schweiß abtupfen oder sich aktiv einbringen bei der Mundpflege, die im Sterbeprozess sehr wichtig ist. Ein trockener Mund macht Durstgefühl und das kann sehr quälend sein, auch wenn es sich „nur" in der Psyche abspielt. Andersherum kann eben noch viel Gutes bewirkt werden, wenn dem Sterbenden durch verschiedene Geschmacksrichtungen bei der Mundpflege Abwechslung und Freude bereitet wird.

Noch einmal Biergeschmack im Mund haben durch Eiswürfel oder Himbeere oder Cola, den Lieblingscocktail ... was auch immer, das ist Lebensqualität im Sterbeprozess und darauf kommt es an.

„Den Tagen mehr Leben geben", nennt es Cicely Saunders, also maximale Lebensqualität auch im Sterben. Cicely Saunders lebte 1918 bis 2005 und gilt als „Mutter der modernen Hospizbewegung". Sie gründete 1967 in London das erste Hospiz und bewirkte sehr viel durch ihre vielschichtige Betrachtungsweise des Sterbeprozesses. Sie brachte dabei Wissen ein als Krankenschwester, Sozialarbeiterin und Ärztin. Bei ihrer Sichtweise wird in multiprofessionellen Teams gearbeitet und die Familie als Ganzes betrachtet und begleitet. Die Schmerztherapie und die Symptomkontrolle stehen ganz obenan. Das ist ja so ziemlich der Wunsch aller Menschen, die ans Sterben denken, es soll schmerzfrei sein und möglichst erträglich. „Schmerz" ist sehr vielschichtig zu betrachten, wenn man ihm gerecht werden möchte. Cicely Saunders hat ein Konzept entwickelt, das als „Total Pain"-Konzept bekannt geworden ist. Der Schmerz wird in seiner Ganzheit und umfassend betrachtet und behandelt. Es geht eben nicht nur um die körperliche Seite. Auch die Psyche kann Schmerzen verursachen, das soziale Umfeld und spirituelle Gedanken. Dies alles gehört zusammen, wenn das Thema „Schmerz" wirklich verstanden und gut behandelt werden soll. Der andere Punkt, die Symptomkontrolle, befasst sich mit Nebenwirkungen im Sterbeprozess, wie Juckreiz, Übelkeit, Angst, Atemnot, Durstgefühl u. a. Dies alles sollte zeitnah abgestellt bzw. behandelt werden, damit die Lebensqualität wieder gut wird, soweit das eben geht; **denn Sterben ist noch Leben.**

In der zweiten Szene geht es um eine Tochter, die sich in einem völlig anderen Alltagsrhythmus befindet als ihre Mutter im Heim und mit ihrem mitgebrachten Stress und ihrer Hektik die Mutter aus der Bahn wirft. Auch hier ist offenbar noch nicht angekommen, dass sich die Mutter verändert hat. Dass sie älter geworden ist und mehr Zeit für alles braucht. Und dass ich mich einstellen muss auf einen älteren Menschen und nicht der ältere Mensch sich meinem Alltagsstress anpassen muss.

Mir ist sehr wohl bewusst, dass viele Angehörige den Besuch im Heim auch noch in einen vollen Tag einplanen müssen. Die Frage ist doch, wie kann das gut gelingen?

Ich möchte Sie gerne fragen: Was haben ein Gartenteich und ein Pflegeheim gemeinsam? Vor zwanzig Jahren hatte ich in meinem Pfarrgarten einen Gartenteich und setzte mich gerne nach dem Mittagessen eine Weile an den Teich, um meinen Espresso dort zu trinken und die Fische zu beobachten. Wenn ich in meiner geschäftigen Energie dorthin schritt, dann verschwanden, dann flohen alle Fische vor mir. Ich bemerkte, dass ich mich anders verhalten musste, um die Fische im Teich auch wirklich von Anfang an beobachten zu können. Also passte ich mein Energie-Niveau den Fischen an und kam mit gemäßigten Schritten zum Teich, die Fische blieben und ich konnte meine Pause genießen bei meinen Fischen.

Wenn wir nun von außen ins Pflegeheim kommen, dann ist das ganz ähnlich. Ich – als Außenstehende – muss mich der langsameren Energie, die dort herrscht, anpassen. Dann wird es sicherlich ein toller Besuch mit gutem Austausch. Wenn wir Menschen mit Demenz besuchen, wird das noch wichtiger, weil für sie intensive Reize von außen manchmal gar nicht zu verarbeiten sind. Der gut gemeinte Besuch wird sich dann eher nachteilig auswirken. Das ist nicht immer leicht zu verstehen, sollte aber im Gespräch gut kommuniziert werden.

Wir mussten das als Familie auch lernen mit meiner Groß-mutter. Irgendwann ging es nicht mehr, dass wir sie zu uns nach Hause holen konnten. Die Besuche endeten immer im Chaos, weil wir den Zeitpunkt nicht gespürt hatten, an dem es meiner Großmutter einfach zu viel wurde. Die Pflegekräfte baten uns eines Tages, dieses Nachhauseholen doch lieber zu lassen. Und so gingen wir nur noch ins Heim, um sie zu besuchen, auch an besonderen Tagen, die wir sonst gerne bei uns zu Hause gefeiert hätten. Ich erinnere mich z. B. an manche Heiligabende, wo wir zuerst beim Krippenspiel in der Kirche waren, dann im Pflegeheim bei Omi, die meist gar nicht wusste, was für ein Tag ist, danach gab es zu Hause Essen und Bescherung. Das war auch für uns ein Weg der Trauer, zu be-greifen, dass der geliebte Mensch wieder einen Schritt weiter gegangen ist in der Krankheit Alzheimer.

Ich kann Ihnen vor dem Betreten des Pflegeheimes eine kleine Übung empfehlen. Wenn Sie sich gestresst fühlen, von Termin zu Termin eilen und dann noch zu Mutter oder Vater ins Heim gehen, dann bleiben Sie doch einen Augenblick im Auto sitzen oder auf der Bank vor dem Heim. Atmen Sie tief und bewusst ein und aus. Klopfen Sie sich leicht auf die Thymusdrüse über dem Brustbein, das lässt Sie bei sich ankommen. Lächeln Sie in Vorfreude auf die Begegnung in sich hinein. Lächeln ent-spannt auch, nebenbei bemerkt, und das Klopfen auf die Thymusdrüse soll sogar Ihr Immunsystem stärken. Wenn Sie dann spüren, dass Ihre Energie ruhiger wird und Sie bei sich gut angekommen sind, dann gehen Sie ins Heim. Diese kleine Übung ist sowieso gut, um Stress abzubauen und uns wieder bei uns selbst ankommen zu lassen, egal wann und wo. Und wer weiß, vielleicht ernten Sie danach ein „Heute ist es aber schön mit dir, Kind".

In der dritten Szene trauert vor allem die alte Dame, die gerne zu Hause wohnen bleiben würde und nicht aus dem Auto aussteigen möchte. Dabei hat sie doch zugestimmt, ins Heim zu gehen. An diesem Beispiel können wir sehr gut das duale Modell der Trauer erkennen: Es war eben ein Tag, an dem die innere Stimme rebellierte und nicht die Vernunft obenan stand. Außerdem ist dieser Schritt ja auch nicht einfach.

Was geht vor sich in einem Menschen, der ins Pflegeheim kommt?

- „Jetzt ist alles vorbei. Heim. Endstation. Tod."
- „Ich bin nutzlos für diese Welt."
- „Das hätte ich nie gedacht, dass ich mal ins Heim muss."
- „Ich hab fünf Kinder, einer hätte mich doch nehmen können."
- „Mein Haus ist groß genug. Aber sie schaffen es nicht, mich dort zu lassen."
- „Einen alten Baum verpflanzt man nicht."

Das sind alles Sätze, die ich schon gehört habe. Es gibt auch andere Erlebnisse, in denen die Senior*innen sehr bewusst ins Heim gehen und dann hört sich das so an:

- „Ich bin froh, hier zu sein und umsorgt zu werden. Ich bin daheim jetzt so oft gestürzt. Da findet mich ja keiner."
- „Mir geht's gut hier. Ich hab alles, was ich brauche und werde gut versorgt."
- „Ich werde sogar bekocht. Besser geht's nicht!"
- „Und für Unterhaltung ist auch gesorgt, wenn ich möchte. Toll!"
- „Mir geht's gut hier und ich bekomme viel Besuch."

Diese Sätze habe ich auch alle schon oft gehört. In der sogenannten „Eingewöhnungsphase" im Pflegeheim ist das Kennenlernen der neuen Bewohner*innen besonders wichtig: Die Vorlieben und die No-Gos, die Interessen und Ressourcen, an denen angeknüpft werden kann. Gute Gespräche und Ermutigungen tragen auch zum besseren Einleben bei. Die Biografie spielt eine wichtige Rolle.

In dieser Phase geht es ganz stark um Trauerarbeit. Manche Senior*innen sind schon weiter auf diesem Weg, andere haben ihn noch gar nicht wirklich betreten. Umso wichtiger, dass individuell begleitet wird, Pflege- und Betreuungskräfte Hand in Hand arbeiten und die Angehörigen mit einbeziehen; wohl wissend, dass diese auch trauern.

Auch Angehörige haben damit zu kämpfen, dass sie ihre Mutter, ihren Vater ins Heim bringen und nicht zu Hause pflegen können, aus welchem Grund auch immer. Viele haben es versucht und irgendwann gemerkt, dass es eben nicht mehr geht. Und so sind manche auch sehr froh über diese Lösung. Manchmal gibt es allerdings ein kompliziertes Gemisch, auf das man da trifft, ein Geflecht von Trauer, wobei alle auf unterschiedlichen Stufen stehen. Es ist immer gut, sich bewusst zu machen, dass es einen innerfamiliären Weg gab, den niemand im Heim kennt und über den manchmal noch lange geschwiegen wird. Ich habe es mir deswegen abgewöhnt, Urteile zu fällen über Menschen und Situationen, die ich nicht kenne. Ich beobachte und nehme wahr, verurteile aber nicht. Es ist, was es ist, sagt die Liebe. Das passt auch hier.

Ich erinnere mich auch noch sehr gut an alle Diskussionen, die wir in der Familie hatten, als meine Großmutter damals von Köln zu uns nach Hause siedelte, weil wir meinten, es gemeinsam zu schaffen und ihr ein gutes Zuhause geben zu können.

Das ging eine Weile ja auch gut. Als die Alzheimer-Krankheit dann voranschritt, wurde es immer schwieriger. Und als meine Großmutter begann, sich selbst in Gefahr zu bringen, haben wir die Reißleine gezogen. Das war keine leichte Entscheidung! Viele, viele Tränen wurden vergossen. Meine Mutter besuchte ihre Mutter täglich. Als sie nicht mehr allein essen konnte, übernahm meine Mutter die Essensreichung und auch die einer Zimmernachbarin. Meine Großmutter und diese Bewohnerin wurden unzertrennlich und riefen beide immer: „Helga kommt!", wenn meine Mutter das Zimmer betrat. Das war noch lange ein Bonmot in unserem Familienwortschatz.

Im Theater würde jetzt der Vorhang fallen zu einer Pause. Ich lade auch Sie ein, ein wenig innezuhalten. Vielleicht geht Ihnen ja jetzt ganz viel durch den Kopf. Schreiben Sie gerne Ihre Gedanken auf, auch Ihre Emotionen, trocknen Sie eventuelle Tränen des Schmerzes oder Mitgefühls. Wenn Sie sich dann wieder gut versorgt haben, geht es weiter mit Teil II, in dem ich mit Ihnen nach vorne blicken möchte. Mich beschäftigt schon länger die Frage, wie kann ich mich vorbereiten? Was kann ich dafür tun, um fröhlich alt zu werden? Was habe ich dabei selbst in der Hand? Und wie können Angehörige ihre älter werdenden Eltern gut begleiten?

Kann man sich irgendwie vorbereiten?

Sich auf das Alter vorbereiten – geht das überhaupt? Jedes Leben wird selbst zeigen, wie gut oder weniger gut es gelingt; ich denke allerdings, dass es sich lohnt, sich auf den Weg zu machen, bewusst alt zu werden. Was wir dafür brauchen? Mut und den inneren Schweinehund mal woanders abgeben in Obhut. Es ist ja kein einfaches Thema, sondern ein beladenes und belastendes. Wer setzt sich gerne freiwillig dem Themenbereich „Altern, Sterben, Tod und Trauer" aus? Und dann noch ohne einen Notfall? Und genau da möchte ich wirklich von Herzen ermutigen. Brauchen wir einen Notfall, um uns auseinanderzusetzen mit etwas, das ganz natürlich ist? Wer nicht jung stirbt, wird alt und stirbt dann irgendwann und irgendwie ... es sei denn, wir beginnen das Thema als so wichtig anzusehen, dass wir uns tatsächlich damit befassen.

Aus meiner Erfahrung ist das sehr lohnend und wichtig. Wie machen Sie das denn sonst in Ihrem Leben? Angenommen Sie möchten ein ganz großes Fest feiern. Einen runden Geburtstag zum Beispiel. Würden Sie erst einen Tag vorher anfangen, Menschen einzuladen und einkaufen zu gehen und etwas zu planen? Wie war das bei Ihrer Hochzeit? Oder der Hochzeit Ihrer Kinder? Spontan? Das gibt es auch, ich denke allerdings, dass gut geplant wurde. „Gut geplant ist halb gewonnen", heißt es. Und das scheint überall Gültigkeit zu haben, nur nicht bei „Alter, Sterben und Tod", also etwas, an dem man nun mal nicht vorbeikommt! Das ist irgendwie unlogisch!

„Rente und dann?"

Ich stelle mal folgende Fragen: Was ist eigentlich „das Alter"? Was kommt auf mich zu? Was kann passieren? Worauf sollte ich achten? Wie sieht meine bisherige Lebensbilanz aus? War es ein erfülltes Leben? Fehlte etwas ganz besonders, dem ich mich noch zuwenden kann? Was war gut und fantastisch und was schwierig? Was könnte ich weitergeben an andere Menschen? Wo meine Ressourcen einbringen? Was würde mich erfüllen und mir Freude bereiten? Gibt es da etwas jeweils für Körper, Geist und Seele? Was macht mein Leben auch im Alter lebenswert?

Haben Sie Lust, diese Fragen jetzt einmal für sich aufzuschreiben und darüber nachzudenken? Dann tun Sie das gerne! Sie können sie auch in ein Büchlein schreiben und immer wieder bei sich tragen, hier und da einen weiteren Eintrag dazu machen. Das sind ja keine Fragen, deren Antwort man aus dem Ärmel schüttelt. Und wer weiß, wie Sie diese Fragen in drei, fünf oder zehn Jahren beantworten würden. Auch das kann sehr interessant werden, zu sehen, was sich verändert, was sich verschiebt und nun wichtiger wird und was bleibt.

Eines Tages stehst du
an der Schwelle ...

Was ich persönlich auch sehr hilfreich finde, ist eine Art Standortbestimmung zu machen: Zu schauen, was sind die aktuellen Freuden und Ressourcen und was geht nicht mehr, wovon muss ich mich verabschieden? Was kann ich in Dankbarkeit loslassen? Die Dankbarkeit ist eine große Kraft und sehr wichtige Empfindung in unserem Herzen.

Auch hierzu bietet sich ein kleines Ritual an: Schreiben Sie alles auf einen Zettel, was Sie gut gekonnt haben und was nun nicht mehr geht. Vielleicht schreiben Sie es als Dankbarkeitsübung so auf: „Ich bin so glücklich und dankbar, dass ich ..." Zum Beispiel, dass ich lange mit den Enkeln Fußball spielen und mit ihnen rennen konnte. Dass ich so gut Autofahren konnte und unabhängig war, niemanden mit einspannen musste usw.

Dann verbrennen Sie den Zettel in einem Gefäß und lassen das „Nun-nicht-mehr-laufen-Können" oder „Nicht-mehr-Autofahren-Können" in Dankbarkeit für früheres Können los und übergeben es einem fließenden Gewässer oder Sie vergraben die Asche.

Das ist ein Ritual, das Klarheit schaffen kann, auch wenn es sehr, sehr schmerzlich ist, was da losgelassen wird. Überlegen Sie nun, was stattdessen geht. Oder was Sie für wunderbare Ressourcen haben. „Ich bin so glücklich und dankbar, dass ..."

Dass ich mich mit meinem Rollator wunderbar bewegen und Pausen machen kann, wenn ich möchte. Geben Sie ihm einen Namen und heißen Sie ihn im Leben willkommen.

Vielleicht binden Sie eine Schleife darum und feiern ihn als etwas Wunderbares, was Ihnen nun weiterhilft. Und das tut ein Rollator! Ich habe schon oft erlebt, wie das Leben wieder anders wird, wie ältere Menschen mit Rollator neu aufblühen. Meist nach einer ziemlichen Berg-und-Talfahrt von der Ablehnung bis zur freudigen Anwendung. Ein Trauerprozess, auch hier.

Wenn alles zerbröselt und entfällt …

Es gibt Krankheiten, die die Persönlichkeit sehr verändern, z. B. „Demenz" oder die schon erwähnte „Alzheimer-Erkrankung". Durch die Veränderungen im Gehirn kann der erkrankte Mensch vieles nicht mehr leisten und gerät immer mehr in eine eigene Welt. Wenn er dort angekommen ist, kann es für ihn wieder erträglicher werden, wie bei meiner Großmutter, die ein recht froher Mensch war in ihrer eigenen Welt, in ihren Bahnen, mit ihren Möglichkeiten und ohne Überforderungen von außen. Das ist natürlich ganz wichtig. Für die Familie kann es trotzdem ein Höllentrip sein mit tiefster Trauer und dem Gefühl, alles kaum mehr aushalten zu können. Vielleicht hilft da ein Perspektivwechsel … ein schwerer Weg dahin. Das weiß ich wohl! Wenn es uns als Familienangehörige gelingen würde, nur noch zu schauen, was dem veränderten Menschen jetzt guttut, dann kann es noch gute Stunden miteinander geben, die hinterher auch als erfüllte Zeit gesehen und empfunden werden können. Das weiß ich von vielen Beerdigungsgesprächen, die ich in 25 Jahren geführt habe.

Es erfordert allerdings sehr, sehr viel – vor allem vorweggenommene Trauerarbeit, ein Abschiednehmen von der Mutter, wie sie einst war und von dem Vater, wie er einst war.

Ich glaube, dass es nur so wirklich gut geht. Machen Sie sich eine Erinnerungskiste: „Von Wurzeln und Flügeln" („Zwei Dinge sollen Kinder von ihren Eltern bekommen", hat Johann Wolfgang von Goethe einmal gesagt. „Wurzeln, solange sie klein sind, und Flügel, wenn sie größer werden.") Was haben Sie alles Wunderbares bekommen von Ihrem Elternhaus? Worauf bauen Sie auf im Leben? Was sind die Diamanten für Ihr Leben vom Vater, von der Mutter? Schauen Sie natürlich auch die Stolpersteine und dicken Brocken an. Was war ein schwieriges Erbe? Was möchten Sie hinter sich lassen? Versuchen Sie zu verstehen, dass Ihre Eltern die besten Versionen waren, die sie damals sein konnten.

Machen Sie ein Vergebungsritual, wenn Sie das Bedürfnis dazu haben. Vielleicht braucht es noch Zeit? Dann nehmen Sie sich die Zeit. „Vergebung" bedeutet übrigens nicht, dass man sagt, dass alles gut war, sondern dass das, was war, keine Bedeutung mehr für heute und morgen hat, auch wenn es furchtbar war. Also alles, was als negativ erlebt wurde, bleibt in der Vergangenheit, wo es hingehört. Heute und in Zukunft bindet es nicht mehr und hat keine weitere Bedeutung. Dann sind Sie frei für Ihr Leben. Das kann wieder mit Zetteln und Verbrennen geschehen oder Sie machen ein Trennungs-ritual von ungünstigen Bindungen, z. B. mit der Strichmänn-chen-Technik, einem ganz großartigen Tool, das man selbst durchführen kann. Die Strichmännchen-Technik* wurde von Jacques Martel begründet und von Lucie Bernier und Robert Lenghan in einem Buch (VAK-Verlag) veröffentlicht. Die Tech-nik dauert nur wenige Minuten und Sie brauchen keine Vor-kenntnisse. Ihrer emotionalen Selbstheilung sowie Lösung aus Abhängigkeiten steht nichts mehr im Wege und unterstützt gute Beziehungen. Ich habe damit auch schon öfter erfolg-reich gearbeitet.

Versuchen Sie dann das Neue bei Ihrer Mutter oder Ihrem Vater zu entdecken. Was bringt die Krankheit mit sich und wie entwickelt sich die Person? „Das Herz wird nicht dement", schreibt Udo Baer in seinem gleichnamigen Ratgeber. Menschen mit Demenz sind „Gefühlsriesen". Da lässt sich doch sicherlich anknüpfen. Und wer weiß, vielleicht ist das genau die neue Seite, die Sie immer so vermisst haben? In dieser Hinsicht habe ich schon so manches erfahren bei Beerdigungsgesprächen. In der Zeit der Krankheit und bei der Sterbebegleitung seien sie noch einmal ganz neu einander begegnet und es gab viel Heilung, haben mir viele Angehörige erzählt. Das kann noch eine sehr wichtige Zeit werden, wenn Sie sich dafür öffnen. Ich weiß wohl, dass es Erlebnisse gibt, die nicht so leicht zu vergeben sind! Ich habe auch nicht gesagt, dass es leicht ist. Es ist lohnend, wenn auch schwierig. Und es ist keine Schande, sich dafür Hilfe zu holen von außen bei professionellen Trauerbegleiter*innen. Sie führen dann mit viel Empathie durch den Prozess und Sie werden frei, um Ihre Eltern gut begleiten zu können.

Ich habe jetzt immer von Mutter/Vater gesprochen, weil die Eltern-Kind-Beziehung natürlich besonders betroffen ist bei solchen Veränderungsprozessen. Geschwister oder Enkelkinder oder Ehepartner*innen leiden ja aber auch sehr und so wäre es sehr gut, wenn sich alle auf diesen Weg der Verarbeitung begeben würden.

Meine Großmutter hat ihre Tochter, also meine Mutter, irgendwann nicht mehr erkannt. Wenn ich davon erzähle, auch als Dozentin, schnürt es mir heute noch die Kehle zu und ich kämpfe mit den Tränen. Sie sagte dann zu meiner Mutter: „Wissen Sie, ich habe zwei Töchter! Meinen Sie, da kommt mal eine? Aber Sie sind da, Sie haben ein gutes Herz."

Ich weiß nicht, wie viele Tränen meine Mutter vor mir verborgen hat, wie oft sie heimlich weinte. Wie oft sie nachts vor Gram wach im Bett lag. Was ich heute weiß ist, dass beim Aufbäumen des Körpers vor dem Tod noch einmal alle Kräfte mobilisiert werden und dass manche Menschen, die ihre Angehörigen seit Jahren nicht mehr kannten, plötzlich ganz klar sind und es zu folgender kleinen Gesprächssequenz kommen kann: „Mathilde, schön, dass du noch kommst, bevor ich sterbe!" Mathilde entgegnet erstaunt: „Du kennst mich, du weißt, wer ich bin?" „Aber natürlich kenne ich meine Schwester! Na, hör mal, was denkst du denn?" ... Ja, so ein Gespräch kann es noch geben kurz vor dem Tod und das ist für alle Beteiligten ein wirklich schönes und tief bewegendes Erlebnis!

Einmal über den eigenen Schatten springen ...

Zum Schluss noch ein paar Gedanken zum Thema: Vorsorge treffen. Da kommt ein ganzer Berg auf uns zu an Fragen und zu ordnenden Dingen. Für manche Menschen schier unüberwindbar. Ich kann Ihnen nur sehr ans Herz legen, sich damit zu beschäftigen. Hinterher ist es eine ganz große Erleichterung. Wie oft habe ich bei Beerdigungsgesprächen gehört: „Was hätte Vater wohl gewollt, wir haben nie darüber gesprochen!" „Obwohl er so lange krank war?", fragte ich erstaunt zurück. „Ja, es wurde einfach immer ausgeklammert."

Inzwischen gehört es zu meinem Arbeitsalltag, solche Gespräche zu führen, als Gesprächsbegleiterin in der Advance Care Planung. Nicht erst im Notfall planen, sondern vorher schon mal darüber nachdenken. Was möchte ich eigentlich?

Wie soll mit mir verfahren werden, wenn ich krank werde oder im Sterben liege? Und wie soll es weitergehen?

Ich beginne mit der Werte-Ermittlung. Dabei überlegen wir, welche Werte von besonders großer Bedeutung waren und sind. Respekt, Freiheit, würdevoller Umgang, Pünktlichkeit? Liebe, Harmonie, Freundschaft, Dankbarkeit?

Es kommen Fragen wie: Was brauchen Sie, um glücklich zu sein? Was ist Ihnen wichtig im Leben, damit Sie es als „gut" empfinden können? Und was war sehr schwierig für Sie? Was ist noch unerledigt und belastend? Wie wichtig ist es Ihnen, lange zu leben? Würden Sie Lebensverkürzung in Kauf nehmen, wenn Sie dafür frei wären von Maschinen? Oder was wäre Ihnen so wichtig, dass Sie sich für Lebensverkürzung und gegen Maximalmedizin entscheiden würden?

Solche und weitere Fragen sind wichtig, um sich in einem weiteren Schritt möglichen Krankheits-Szenarien zu nähern. In guten Patientenverfügungen sind sehr konkrete Fälle angegeben, für oder gegen die man sich entscheiden kann. Auch darin berate ich. Schließlich gibt es einen Notfallbogen, wo ein Notarzt auf den ersten Blick sehen kann, was zu tun und vor allem zu lassen ist. Eine Vorsorgevollmacht ist auch wichtig, damit festgelegt ist, wer für einen entscheidet, wenn man es nicht mehr selbst tun kann, aber auch nicht im Sterben liegt.

Inzwischen habe ich auch beides ausgefüllt. Und es ist ein gutes Gefühl. Mein Wille ist ausgedrückt und ich weiß, dass er auch ausgeführt wird. Das ist ja der Sinn dieser Arbeit, dass man vorausdenkt und -plant und dann im Notfall nicht noch planlos herum überlegen muss und alles mit einem getan wird, was man eigentlich ablehnt.

Wer sich dieser Aufgabe stellt, übernimmt Selbstverantwortung und damit viel Last von den Schultern eventuell überforderter Angehöriger. Außerdem gilt immer das aktuell gesprochene Wort, nichts ist in Stein gemeißelt. Wenn ich mich noch äußern kann, gilt das, was ich jetzt gerade sage und was für mich gerade stimmig ist. Es ist einfach ein gutes Gefühl und ich kann mein Leben in aller Ruhe genießen!

Zum Abschluss meines Beitrages hier im Buch ein Gedicht von Hermann Hesse, ein sehr bekanntes, das heute vielleicht noch einmal anders klingt in Ihren Ohren. Betreten wir mit ihm die Stufen ganz neu, lassen wir uns ermutigen, auch schwere Themen auszuhalten, weil sie dran sind und unser Leben damit runder wird. Es ist nicht logisch auszuklammern, was unweigerlich kommt und im Zweifelsfall auf nichts vorbereitet zu sein.

Hermann Hesse, STUFEN

4.5.1941

Wie jede Blüte welkt und jede Jugend
Dem Alter weicht, blüht jede Lebensstufe,
Blüht jede Weisheit auch und jede Tugend
Zu ihrer Zeit und darf nicht ewig dauern.
Es muss das Herz bei jedem Lebensrufe
Bereit zum Abschied sein und Neubeginne,
Um sich in Tapferkeit und ohne Trauern
In andre, neue Bindungen zu geben.
Und jedem Anfang wohnt ein Zauber inne,
Der uns beschützt und der uns hilft, zu leben.

Wir sollen heiter Raum um Raum durchschreiten,
An keinem wie an einer Heimat hängen,
Der Weltgeist will nicht fesseln uns und engen,
Er will uns Stuf' um Stufe heben, weiten.
Kaum sind wir heimisch einem Lebenskreise
Und traulich eingewohnt, so droht Erschlaffen,
Nur wer bereit zu Aufbruch ist und Reise,
Mag lähmender Gewöhnung sich entraffen.

Es wird vielleicht auch noch die Todesstunde
Uns neuen Räumen jung entgegen senden,
Des Lebens Ruf an uns wird niemals enden ...
Wohlan denn, Herz, nimm Abschied und gesunde!

Birgit Proske
Dozentin und Gesprächsbegleiterin

Mein Name ist Birgit Proske, Jahrgang 1969. Ich wohne in Elzach bei Freiburg im Schwarzwald, bin gesegnet mit Humor, einem großen Herzen, der Liebe zu Tieren, der Natur und zur Musik. Und seit Kindertagen ein spiritueller Mensch mit der tiefen inneren Gewissheit, dass es noch mehr gibt als nur das Sichtbare.

Meine Mission
Meine Berufung ist es, „Sterben, Tod und Trauer" so anzusprechen, dass die Menschen ihre Scheu verlieren, sich damit auseinanderzusetzen. Seit 25 Jahren begleite ich Menschen beim Sterben, beim Abschiednehmen und in Trauer.

Mit dem Unternehmen „Abschiedskultur Birgit Proske" bringe ich diesen Themenbereich zu Mitarbeitenden in der Pflege- und Gesundheitsbranche, damit sie in emotional herausfordernden Situationen, z. B. am Sterbebett, mehr Sicherheit erlangen und eine gelingende Sterbe- und Abschiedskultur im Pflegealltag immer selbstverständlicher wird.

Kontakt:
Abschiedskultur Birgit Proske
Lindenmatte 28
79215 Elzach
Tel. +49 7682 9258944
info@brueckenbauerin-proske.de
www.abschiedskultur-proske.com

Was kommt nach dem Tod?
Was geschieht mit mir?
Ist es das Ende?
Und!
Wie gehe ich mit meiner Angst um?
Wie kann ich dem Gefühl
der Einsamkeit begegnen?

Das sind sehr tiefsinnige Fragen,
die wir uns stellen und
wo wir nicht immer
eine Antwort drauf bekommen.
Heidrun Klaua wird sich mit dir
in ihrem Text auf die Seite
der möglichen Antworten begeben.

Heidrun Klaua

Der Tod ist nicht dein Ende.

Der Tod – für viele Menschen ist er immer noch ein Schreckgespenst. Der dunkle Sensenmann, der kommt, um das Leben zu nehmen, der kommt, um einem einen geliebten Menschen zu nehmen.

Etwas wovor sie Angst haben und das möglichst lange herausgezögert werden muss. Egal um welchen Preis.

Doch ist der Tod wirklich so schlimm? Ist es etwas, wovor wir Angst haben sollten? Oder ist es eventuell ein sanftes Hinübergleiten in eine neue Welt, ein Übergang, der voller Gnade stecken kann und für den Sterbenden ein Segen ist?

Wie ist es für dich? Hast du Angst vor dem Tod oder davor, dass er dir einen geliebten Menschen nimmt? Dass du allein zurückbleibst und ab diesem Zeitpunkt ohne ihn leben musst? Oft kommt dann die Aussage: „Ich kann ohne diese Person nicht leben!" Doch soll ich dir etwas verraten? Du kannst!

Auch ich habe mir diese Fragen oft gestellt, denn ich hatte Angst vor dem Tod. Nicht unbedingt vor meinem eigenen, aber davor, dass jemand von mir geht, den ich sehr liebe.

Denn genau das habe ich schon sehr früh in meinem Leben erfahren. Als ich etwa ein Jahr alt war, hatte meine Mama eine Fehlgeburt und ich habe währenddessen an ihrem Bett gestanden und es mitbekommen. Natürlich war ich noch sehr klein und habe es nicht bewusst aufgenommen, doch ich habe deutlich gespürt, dass etwas nicht stimmt, und ich habe die Trauer und Verzweiflung wahrgenommen. Und auch ich habe diese gespürt und in meiner Ohnmacht eine kleine Ecke aus einem Lexikon herausgerissen, welches aufgeschlagen auf dem Bett lag. Heute weiß ich, dass diese Seele mein verlorener Bruder war, der nicht auf diese Welt kommen sollte. Warum auch immer dies so ist, er hatte sich auf den Weg gemacht und ich hätte ihn so gerne kennengelernt. Nun muss ich warten, bis ich irgendwann in die andere Dimension gehe, wo er auf mich warten wird.

Das zweite Mal wurde ich mit dem Tod konfrontiert, als meine geliebte Oma starb. Ich war zwölf und kann mich noch erinnern, dass ich so stolz war, nicht zu weinen während der Zeremonie. Als wir dann aber am Grab standen und die Urne hinunterging, da bin ich zusammengebrochen. Ich konnte nicht verstehen, warum sie mich allein ließ und dass sie für immer gehen sollte.

Aus all diesen Situationen hat sich ein großes Thema bei mir aufgebaut, das viele Jahrzehnte mein Leben bestimmte: Verlustangst

Es hat mich davon abgehalten, Beziehungen einzugehen und mich gequält und gepeinigt, bis ich mich 2017 endlich auf den Weg meiner Heilung machte. Es war ein langer und schmerzvoller Weg, der dennoch so viel Positives hervorbrachte und mich mein bisheriges Weltbild auf den Kopf stellen ließ. Ich durfte tief in meine Vergangenheit reisen, in die heutige und in die aus früheren Leben und dort fand ich auch die Auslöser meiner Verlustangst und bekam die Antworten, auf die ich so lange gewartet hatte. Endlich wusste ich, warum ich so war, und fing an, mich nicht mehr falsch zu fühlen mit meinen ganzen Visionen und Erinnerungen, die ich eigentlich nicht haben konnte.

Der Wendepunkt

Dann kam die Zeit, in der mein Papa starb. Es zog sich hin dieses Sterben, denn jeden Tag ging ein bisschen mehr von ihm. Zuerst konnte er das Haus nicht mehr ohne Stöcke verlassen, dann ging es nur noch mit Rollator und irgendwann gar nicht mehr. Er konnte die Treppen nicht mehr bewältigen und die letzten Wochen blieb nur noch das Bett. Es war furchtbar mit anzusehen, wie dieser stolze große Mann immer mehr in sich zusammenfiel und die natürlichsten Handlungen nicht mehr selbstständig ausführen konnte. Und ich kam an meine Grenzen und ging weit darüber hinaus. Ich tat Dinge, von denen ich niemals dachte, sie durchstehen zu können, doch es ging. Und es wurde möglich, weil ich endlich Frieden gemacht hatte.

Frieden mit den Verlusten, die ich erlitten hatte und Frieden mit dem immer schwierigen Verhältnis zwischen meinem Papa und mir. Und zuletzt auch Frieden mit dem Tod, denn ich wusste, dass es nicht mehr lange dauern würde. Im Sommer 2019 wurde mir die Botschaft übermittelt, dass mein Papa das Jahr nicht überleben würde. Ich kann mich noch genau an den Moment erinnern, als ich ihm das erzählte und er mich anstrahlte und sagte: „Wirklich? Ich darf gehen?"

Er wollte nicht mehr in diesem kranken Körper stecken, sondern endlich auf die andere Seite gehen, von der er ebenso wie ich wusste, dass es sie gibt. Und er freute sich so sehr darauf, seinen Vater wiederzusehen, den er schon als Kind in Russland verloren hatte.

Wir hatten viele Gespräche in diesen Wochen, in denen ich an seinem Bett saß und seine Hand hielt. Einige Male war er schon an der Schwelle, doch kam er immer wieder zurück und brachte Botschaften mit, die halfen, endgültig die Angst und den Schrecken des Todes zu überwinden und zu verstehen, dass Sterben etwas Göttliches ist, vor dem niemand Angst haben muss.

Eine Situation war besonders prägend, als er wieder einmal aus einer Art Schlaf zurückkam und mich mit einem ganz sonderbaren Blick anschaute. Dann sagte er: „Ich freue mich so auf den Bruder." Ich wusste gar nicht, was er meint, denn seine Brüder leben beide noch und das sagte ich ihm auch. Darauf erwiderte er: „Nein, ich meine den Bruder! Er war doch schon da und hat mir gesagt, dass er auf mich wartet und sich so freut, mich zu sehen." In diesem Moment wusste ich, dass er seinen Sohn meinte, meinen Bruder, der nicht geboren werden durfte. Und als ich ihn fragte, ob er eben diesen damit meint, sagte er: „Ja, ja genau! Er wartet auf mich."

Da wurde mir bewusst, dass es dort etwas gibt, das wunderschön sein muss. Dass es ein Ort ist, an welchem unsere Lieben auf uns warten, um wieder beieinander zu sein und dass dieser Ort friedvoll und voller Gnade ist.

Genau das hat mein Papa mir auch inzwischen bestätigt, denn ich spreche regelmäßig mit ihm und er zeigt mir, wie gut es ihm dort geht. Es ist ein wundervoller Ort voller Licht und Musik und dort herrscht eine Freiheit und pure Liebe, die wir uns nicht vorstellen können. Es ist tatsächlich etwas Erstrebenswertes dort hinzukommen und jeder von uns wird es irgendwann erleben, denn egal, wie viel Angst auch herrscht vor diesem Moment, es ist das Einzige, was jeder Mensch einmal erleben wird. Und in dem Wissen, dass mein Papa sich so an diesen Ort sehnte, wurde es sehr leicht, ihn gehen zu lassen. Natürlich war da unendlich viel Schmerz und auch jetzt tut es weh, ihn nicht mehr um mich zu haben, doch das ist das Ego, welches da spricht. Die Liebe dagegen sagt, dass es gut ist, wie es ist und er jetzt dort ist, wo er hingehört und wonach es ihn so sehr verlangte.

Wir hatten das große Glück, ihn zu Hause gehen zu lassen, in dem Haus, das er so stolz für seine Familie gekauft hatte und in dem er die längste Zeit seines Lebens verbrachte. Und genau hier durfte er gehen und wir waren bei ihm. Meine Mama, meine Schwester und ich haben seine Hand halten können, als der Moment kam, in welchem er das Bewusstsein verlor und nicht mehr wiedererlangte. Und ich weiß, dass diese Gnade aus der Liebe kam, die dort floss. Zwischen uns allen. Egal was gewesen war, wie sehr wir uns auch verletzt hatten, in diesen letzten Tagen und Wochen war nur noch Liebe zwischen uns. Es war wie ein Band, das fast sichtbar schien und das sich ausbreitete wie ein Schirm und uns einhüllte. Es war göttliche Liebe und das brachte letzten Endes die komplette Heilung.

Die Heilung aller jemals im Streit gesagten Worte, aller Missverständnisse und es brachte auch mir die Gewissheit, die ich so lange nicht in mir finden konnte. Die Gewissheit, dass mein Papa mich unendlich geliebt hat und so stolz war auf alles, was ich tat. Zu seinen Lebzeiten konnte ich es meist nicht sehen und habe mich gequält, doch da wurde es mir bewusst, dass es so war, immer und ewig. Und auch gerade jetzt, wo ich das schreibe, steht er hinter mir und sagt, wie lieb er mich hat und dass er dort auf mich wartet, wo er jetzt ist.

Das ist ein großer Trost und macht die Tränen, die gerade rinnen, zu einem Lächeln im Schmerz.

Was steckt hinter der großen Angst vor dem Tod?

Nach meiner eigenen Erfahrung und den Erzählungen, die ich von meinen Klienten über die Jahre gehört habe, ist es der Wunsch nach Sicherheit, der es so schwer macht, den Tod als das zu sehen, was er ist.

Wir Menschen sind darauf gepolt, in Sicherheit zu leben, insbesondere in unserer Gesellschaft. Das Problem ist nur, dass es keine Sicherheit im Leben gibt! Diesen Punkt haben in den letzten Monaten viele Menschen schmerzlich erfahren müssen. Da sind Existenzen von jetzt auf gleich vernichtet worden, vermeintlich sichere Branchen haben über Monate dichtmachen müssen und auf einmal erleben wir als Menschheit, dass nichts sicher ist.

Und so ist auch unser Leben nicht sicher, denn jederzeit kann dir etwas geschehen. Du kannst bei einer Reise einen tödlichen Unfall erleben oder im Haushalt stürzen. Du kannst eine schwere Krankheit entwickeln oder mit einer Kleinigkeit ins Krankenhaus gehen und nicht wiederkommen. All diese Dinge können geschehen und daher darfst du dir immer wieder bewusst machen, dass es so wichtig ist zu leben und nicht auf etwas zu warten.

Auch Arbeit und Geld bieten keine Sicherheit, denn sie können weg sein. Durch eine Naturkatastrophe oder den Konkurs der Firma. All das kann geschehen und daher ist es wichtig zu begreifen, dass wir keine Sicherheit haben. Bis auf die einzige und damit auch wichtigste! Die Sicherheit, die du in dir und deinem Glauben an das Leben trägst. Damit meine ich nicht den Glauben im herkömmlichen Sinne, an Gott oder die Kirche. Ich meine den Glauben an dich selbst und an deine Stärken und Fähigkeiten. Denn du bist göttlich und du hast so viel Kraft in dir, um jede Situation zu meistern.

Selbst wenn Dinge auf dich zukommen, bei denen du das Gefühl hast, daran zu zerbrechen, in den meisten Fällen geschieht das nicht, denn deine Seele weiß ganz genau, was sie dir zumuten kann und zu welchem Zeitpunkt sie dir Dinge offenbart.

Die Angst vor dem Alleinsein

Auch dies ist ein wichtiger Punkt, der das Mysterium des Todes umgibt. Besonders für Menschen, die in den letzten Jahren ihres Lebens stecken, ist diese Angst oft sehr groß. Gerade erlebe ich es in meinem Umfeld, wie es krank machen kann, in der Angst zu leben, dass der Partner stirbt und plötzlich niemand mehr da ist. Vielleicht kannst du diese Angst auch nachvollziehen, denn sie kann in jeglichem Alter auftreten und dein Leben beschweren.

Dabei ist so wichtig zu sehen, dass du niemals allein bist. Es gibt immer Menschen um dich herum, die da sind, die dich auffangen und die auch helfen, Dinge zu erledigen, denen du dich nicht gewachsen fühlst.

Wenn du diese Angst kennst, dann setz dich doch einmal hin und schreibe auf, wen du so alles in deinem Leben hast. Erst einmal alle aufschreiben, ohne Wertung, wie gut ihr euch kennt oder wie stark das Vertrauensverhältnis ist. Das sind sicherlich eine ganze Menge Personen, die da zusammenkommen. Und nun beginne sie zu gliedern und aufzuschreiben, wen du um Rat oder Hilfe bitten würdest, wenn du diese brauchst. Egal ob Familie, Freunde, Arbeitskollegen oder Nachbarn, geh einfach nach deinem Gefühl und schreibe die Namen auf, die dir einfallen.

Vermutlich bist du überrascht, wer dort alles steht? Denn oft merken wir gar nicht, wer uns eigentlich wirklich nah steht und wem wir vertrauen. Nun hast du zwei wunderbare Listen mit Menschen, die in deinem Leben präsent sind. Diese kannst du als Unterstützung nehmen, sollte dich mal wieder die Angst vor dem Alleinsein überfallen und so wirst du ganz schnell merken, wie viel Unterstützung du eigentlich genießt.

Du lebst nur einmal – oder doch nicht?

Ich weiß nicht, wie du zum Thema Reinkarnation, zur Wiedergeburt stehst. Ich kann für mich klar sagen: „Ja, ich glaube zu 100 % daran, dass ich bereits gelebt habe." Denn ich habe meine „Beweise" dafür schon sehr früh in meinem Leben bekommen. Schon als Kind hatte ich Visionen und Situationen, die mir so vertraut waren, dass ich sie mir nicht erklären konnte. So habe ich viele Monate von einem Weg geträumt, den es auch wirklich gab und den ich oft gegangen bin. Doch in meinen Träumen sah er anders aus und dennoch wusste ich immer, dass es eben dieser Ort ist, den ich so oft aufsuchte. Es war einfach ein tiefes Wissen in mir und auch jetzt sehe ich ihn vor mir, so haben sich diese Bilder eingebrannt. Ich bin irgendwann losgegangen, um ihn zu suchen und habe ihn in meinem Herzen gefunden. Dort wo ich ihn vermutet hatte.

Daher weiß ich auch, dass mein Papa und ich wieder zusammenfinden werden, denn wir haben bereits in früheren Leben miteinander gelebt. Er war sogar schon einmal mein Vater, in einem Leben, in welchem ich als Strafgefangene von England nach Australien deportiert wurde. Vor einigen Jahren war ich in London und hatte dort einen sehr heftigen Traum. Ich war völlig verzweifelt, denn ich sollte mit dem Schiff nach Australien gebracht werden und meine Schwester und meinen Vater zurücklassen. Beide waren so präsent in meiner Vision und ich habe geweint wie niemals in diesem Leben. Als ich es am Morgen meiner Schwester erzählte, die auch damals meine Schwester war, fragte sie mich, ob ich wüsste, dass Australien von englischen Gefangenen besiedelt wurde beziehungsweise die Strafgefangenen dort tatsächlich hingebracht worden sind.

Ich wusste es nicht, doch in dem Moment wurde mir bewusst, dass es kein Traum gewesen war, sondern eine Erinnerung. Eine Erinnerung tief in meiner Seele vergraben, die ich zu diesem Zeitpunkt erfahren durfte.

Nun wusste ich endlich, warum mir der Ozean immer solch eine Panik gemacht hatte, denn ich habe diese Reise nicht überlebt. Ich bin über Bord gegangen und ertrunken. Ich habe noch einige solcher Erinnerungen erfahren dürfen und jedes Mal habe ich ein Stück meiner „Probleme" in diesem Leben dadurch heilen dürfen.

Daher arbeite ich heute mit spirituellen Menschen, die wissen möchten, was sie erlebt haben, um den Schlüssel für ihr Glück im Hier und Jetzt zu finden. Ich begebe mich mit ihnen auf eine Reise in die Vergangenheit und dadurch, dass ich mich in Trance versetze, bekomme ich Bilder und Geschichten, die ich weitergeben kann, um die Themen zu heilen.

Es ist eine wundervolle Gabe, die mir lange Angst gemacht hat und die ich nun endlich annehmen kann, denn ich weiß, dass so viel Heilung in früheren Leben liegt. So oft bin ich zu Tode gekommen, auch gewaltsam und habe dadurch viele Ängste entwickelt.

Auch du hast diese Erlebnisse gehabt. Auch du hast diese Leben gelebt, auch wenn du es vielleicht nicht glauben magst oder kannst, deine Seele hat es gespeichert und gibt dir in Träumen immer wieder Hinweise darauf, damit du hinschaust und dich deinen Blockaden stellst.

So verliert der Tod ganz schnell seinen Schrecken, denn wenn du weißt, dass du dieser geliebten Seele wieder begegnen wirst, dann verstehst du auch sehr schnell, dass du diesen Menschen nicht verlierst, nicht verlieren kannst. Er geht nur voraus in eine andere Dimension, doch er ist nicht verschwunden.

Die heilsame Kraft der Seelengespräche

Auch wenn ein Mensch die Dimension gewechselt hat, ist er nicht verschwunden. Es ist seine Hülle, die diese Welt verlassen hat und somit ist er nicht mehr physisch anwesend. Doch die Energie seiner Liebe und die Essenz seines Lebens wird niemals ganz verschwinden. Auch ist die Seele nicht gegangen, sie hat sich nur in einen neuen Zustand versetzen lassen, von dem wir alle nicht wirklich wissen, wie er aussieht. Daher ist es möglich, mit dieser Person weiterhin zu sprechen und auch Antworten zu erhalten.

Ich rede viel mit meinem Papa und frage ihn um Rat, wenn ich nicht weiterweiß oder mit einer Situation überfordert bin. So habe ich auch meinen Frieden mit der aktuellen Situation machen können, denn ich habe Dinge für mich erkennen dürfen oder müssen, die mich kurzzeitig komplett aus der Bahn geworfen haben. Doch ich habe meinen Papa gefragt und er hat mir immer wieder bestätigt, dass ich doch wüsste, dass es so ist und dass ich an mich glauben sollte. Das hat mir die Kraft gegeben, weiterzuschauen und anzunehmen, was sich zeigte.

Auch mit anderen Personen spreche ich auf Seelenebene, wenn ich das Bedürfnis habe, etwas zu sagen. Meinen Seelengefährten, den ich 2014 treffen durfte und mit dem ich seit vielen Jahren keinen Kontakt mehr habe, kontaktiere ich hin und wieder über diesen Kanal, wenn ich mich einfach vergewissern möchte, dass es ihm gut geht. Auch Haustiere, die nicht mehr hier weilen, können auf diese Art und Weise kontaktiert werden. Da ist es dann weniger eine Antwort, die zu hören ist, sondern mehr ein Gefühl. So kann es sein, dass plötzlich das Gefühl entsteht, als wenn der weiche, warme Hundekörper wieder neben dir liegt. Oder als ob deine Katze mit ihren Pfötchen sanft über deine Bettdecke läuft.

Es ist so viel möglich und es gibt so viel, das wir mit unserem begrenzten Verstand nicht erfassen können. Dennoch ist es da und kann Realität werden. Und es kann helfen! Es kann helfen, die Angst vor dem Unausweichlichen zu nehmen und zu erkennen, dass der Tod nicht böse ist, sondern ein Übergang in etwas Unbekanntes.

Wenn du nun denkst: „Ja, für andere mag das funktionieren, aber nicht für mich", dann möchte ich dir den liebevollen Rat geben, es einfach mal zu versuchen. Nimm dir eine Person, mit der du länger keinen Kontakt hattest, von der du aber gerne wüsstest, wie es ihr geht. Und dann kontaktiere sie auf Seelenebene. Frag, wie es ihr geht, was sie so macht und ob ihr nicht mal wieder sprechen wollt. Du kannst sicher sein, dass du in absehbarer Zeit von ihr hören wirst oder in irgendeiner Form ein Zeichen bekommst. Vielleicht wird der Name immer wieder auftauchen oder du hörst über Dritte von ihr. Und ebenso ist es möglich, dass sie dich anschreibt oder anruft.

Hab Vertrauen in deine Fähigkeiten, denn du kannst es ebenso wie ich oder andere Menschen. Wenn du an einem Punkt so gar nicht weiterkommst und immer wieder an dieselben Grenzen stößt, dann frage im Himmel nach Unterstützung. Dein Schutzengel ist dafür eine gute Adresse, denn er ist immer für dich da. Allerdings kann er nur aus sich selbst tätig werden, wenn du in Gefahr bist. Dann darf er eingreifen und dich retten, weshalb wir oft sagen: „Da war mein Schutzengel aber gerade echt an meiner Seite!" Doch ist er das auch zu anderen Zeiten und wartet sozusagen darauf, dass du ihm einen Auftrag gibst, dir zu helfen. Also sprich ihn doch mal an und bitte ihn um Unterstützung oder Rat. Er wird alles möglich machen, um dich die Lösung sehen oder hören zu lassen.

Es ist nicht schwer, mit ihm in Kontakt zu treten. Du kannst eine Kerze für ihn anzünden oder Blumen aufstellen, doch es reicht auch aus, wenn du ihn einfach ansprichst. Gib ihm gerne einen Namen oder nenne ihn einfach Schutzengel. Wie du magst. Er hört dich, denn er ist eine Seele, die sich verpflichtet hat, dich zu schützen und dir zu helfen.

So kann auch ein geliebter Verstorbener zu einem Schutzpatron werden und seine Hände aus dem Jenseits über dich breiten und für dich da sein. Hab keine Angst vor diesen Dingen und lass diese Gedankenerweiterung zu. Dann wirst du wahre Wunder erleben können.

Wenn du an einem Punkt überhaupt nicht weiterkommst, dann schlucke deinen Stolz herunter und suche dir Hilfe von jemandem, der diese Dinge für sich gelöst hat und den Weg bereits gegangen ist. Denn es ist absolut nicht schlimm, sich einzugestehen, dass es Grenzen gibt, die allein nicht zu sprengen sind.

Es ist nur schlimm, wenn du dein Lebensglück aus falschem Stolz aufs Spiel setzt, weil du meinst, immer alles allein schaffen zu müssen.

Mein Lieblingsbeispiel sind hier Spitzensportler oder berühmte Musiker. Fast alle haben einen Trainer oder Coach an ihrer Seite, egal wie gut sie bereits sind. Weil sie genau wissen, dass manche Grenzen allein nicht zu überschreiten sind. Wenn da aber jemand ist, der antreibt, der Unterstützung gibt und der da ist, falls es einmal zu sehr schmerzt, dann sind Grenzen so viel einfacher zu überschreiten, denn dann scheint es oft keine mehr zu geben.

So erging es auch mir in der Pflege meines kranken Vaters, als ich dachte, gewisse Dinge nicht tun zu können. Und plötzlich waren da keine Grenzen mehr und es war so selbstverständlich, ihm so gut ich konnte zu helfen. Ich konnte ihm damit etwas zurückgeben, das er mir zu Beginn meines Lebens gegeben hatte. Denn da war ich hilflos ohne ihn und darauf angewiesen, dass er mir half und so durfte ich es am Ende seines Lebens für ihn tun. Diese Sichtweise hat auch ihm enorm geholfen, damit umzugehen, denn es war auch für ihn eine Grenze, die er meinte, nicht überschreiten zu können. Doch die Liebe vermag eben fast alles zu erreichen und so haben wir uns gegenseitig gezeigt, was alles möglich ist, wenn man aus reinem Herzen und aus purer Liebe zueinander handelt.

Und so verlor das Ende auch wieder einen großen Teil seines Schreckens, denn natürlich ist es unendlich schmerzhaft mit anzusehen, wie ein Mann, der immer groß und stark war, plötzlich so hilflos wird. Und auch ich habe gehadert mit der Krankheit und dem Schicksal, doch ich habe begriffen, dass es das war, was die Seele meines Papas lernen wollte.

Dass es da Dinge gab, denen er sich nicht stellen konnte oder wollte und daher sein Körper auf diese Art und Weise reagiert hat. Das ist eine Sichtweise, mit der viele Menschen nicht klarkommen, doch es ist meine Sicht und mir hilft sie enorm, mit Leid und Tod umzugehen. Denn es ist wie gesagt ein Übergang und eine Krankheit ist eine Aufforderung hinzuschauen, was nicht stimmt und was im Inneren geheilt werden möchte.

Der Tod wird immer ein Mysterium für uns Menschen bleiben und je nach Kultur wird unterschiedlich damit umgegangen. Doch sollte er seinen Schrecken verlieren, denn er ist unausweichlich und kann ein Leben vergiften, wenn die Angst davor die Lebensfreude frisst.

Daher wünsche ich dir von Herzen, dass meine Worte dich berühren und beruhigen. Dass auch du für dich annehmen kannst, dass der Tod nicht böse ist. Er ist nicht der schwarze Sensenmann, der kommt, um zu strafen oder um Menschen zu nehmen, die du liebst. Er ist etwas Unausweichliches und nur, weil wir es nicht verstehen, macht es solche Angst. Doch die ist unbegründet, denn es ist wohl eher wie auf weichen Vogelschwingen nach oben getragen zu werden, an diesen Ort voller Licht und Liebe, an welchem die auf dich warten, die du hier unten so schmerzlich vermisst.

Praktische Tipps
für Akutsituationen:

Wenn dich die Verlustangst so richtig überfällt, dann habe ich hier noch einige Tipps für dich, die ich aus eigener Praxis empfehlen kann.

1. Lenk dich ab

Das klingt vielleicht sehr banal, doch gerade zu einem frühen Zeitpunkt solch einer Phase kann es sehr gut helfen, dich einfach abzulenken. Mir persönlich haben Hörbücher gut geholfen, denn das Eintauchen in die Geschichten hat mich meine Ängste für den Moment vergessen lassen bzw. sie etwas zurückgedrängt. Manchmal ist es einfach nicht möglich, sich sofort damit auseinanderzusetzen und dann kann Ablenkung das richtige Mittel sein, um wieder etwas in die eigene Mitte zu kommen.

2. Erforsche die Ursache

Wenn du wieder etwas klarer sehen kannst, dann versuche, den Auslöser zu finden. Was ist geschehen, dass du so in deine Angst gerutscht bist, was hast du gehört, gesehen oder erlebt, dass es ausgelöst wurde. Es gibt immer einen Trigger und wenn du diesen findest, dann hast du einen Anhaltspunkt, worum es geht.

3. Schaffe die Verbindung

Wenn du den Auslöser erkannt hast, dann frage dich, wann du schon vorher solche Situationen erlebt hast. Die meisten Dinge passieren öfter, um dir zu zeigen, was du bearbeiten und heilen darfst. Höre auf dein Gefühl, denn es sagt dir immer das Richtige. Egal wie komisch oder dumm es dir vielleicht vorkommen mag, es ist genau das, was du brauchst, um dem Ursprung auf die Spur zu kommen.

4. Such dir Unterstützung

Wenn du mit deiner Situation gar nicht klarkommst, dann such dir jemanden, der dir hilft und dich unterstützt. Manchmal hilft es schon, wenn du eine Person hast, die dir zuhört und dir wird dadurch vieles klar. Es gibt auch die Möglichkeit, eine Telefonseelsorge in Anspruch zu nehmen, denn nichts ist schlimmer, als es in sich hineinzufressen und davon krank zu werden. Hol dir die nötige Unterstützung und beginne, die Ursachen an der Wurzel zu lösen, denn du verdienst ein wunderschönes Leben frei von Ängsten und Bedrängnissen und du selbst kannst dazu beitragen, dies zu kreieren.

Heidrun Klaua

Reinkarnationsmedium

Ich bin Heidrun und wurde im Jahr 1972 im Sternzeichen Zwillinge in Braunschweig geboren. Viele Jahre war die klassische Musik mein Leben, bis ich vor einigen Jahren begann, meine spirituelle Seite zu leben und in den Vordergrund zu stellen. Aktuell lebe ich mit meiner Hündin Emmi in der Region Hannover und darf als Reinkarnationscoach, freie Autorin und Mitarbeiterin einer privaten Kita mein Wissen weitergeben und Menschen helfen, sich aus ihren Ängsten und Problemen zu befreien.

Mein höchster Wert ist Freiheit und das ist es, was ich auch meinem Umfeld schenken möchte. In meinem Reinkarnationscoaching reise ich für meine Klienten in die Vergangenheit, um die Bilder und Geschichten zu empfangen, die wichtig sind, damit sie ihre aktuellen Probleme verstehen und heilen dürfen. Nur so ist es möglich, die persönlichen Wünsche und Träume zu leben und endlich ein entspanntes und glückliches Leben zu führen.

Schon immer habe ich meine Träume gelebt oder zumindest daran geglaubt, sie realisieren zu können. Ich glaube daran, dass jeder Mensch das Recht hat, ein außergewöhnliches Leben zu führen und dass jedes Problem gelöst werden kann. Die früheren Leben spielen dabei eine führende Rolle und mit Hilfe dieses Wissens ist alles erklärbar, was in diesem Leben erlebt wird. Diese Heilung habe ich selber durchlaufen und gebe dies nun von ganzem Herzen an Menschen weiter, die ebenfalls diese Freiheit erleben möchten.

Kontakt:
Heidrun Klaua
heidrunklaua@web.de
www.die-liebende-herzheilerin.com
Tel. +49 176 61081305

Meinen Podcast findest du unter „Herzheilung – höre die Stimme deines Herzens" überall, wo es Podcasts gibt. Für mehr Inspiration zum Thema Reinkarnation komm gerne zu meinem YouTube-Kanal „Reinkarnation – reise in deine Vergangenheit".

Manche Dinge dürfen einfach nicht passieren.
Und wenn doch? Was folgt dann?
Was folgt, wenn unsere Kinder vor uns gehen?
Wie soll unser Leben weitergehen?
Wie können wir wieder
Vertrauen und Hoffnung erlangen?
Wie nur?!

Barbara Grashaus nimmt dich mit,
hinein in ihr erlebtes Leben. Mitten hinein.
Und sie geht ihren Weg mit dir gemeinsam.
Sie zeigt, wie du wieder durchatmen kannst.
Wie du wieder zu dir finden und
weiterleben kannst.

Barbara Grashaus

Lass uns gemeinsam durch die Trauer gehen

Diese Erzählung widme ich allen, die ebenfalls ein Kind durch Tod verloren haben. Ich möchte mit meinen Worten euer Herz erreichen und euch sagen, dass ihr nicht allein seid. Es tut gut, sich mit denen zusammenzutun, die auch diese furchtbare Erfahrung machen mussten. Das spendet sehr viel Trost.

Den tiefen Frieden damit müssen wir in uns selbst finden. Dafür wünsche ich uns allen die nötige Kraft und Liebe.

Wie habe ich Trost und Frieden gefunden? Wie bin ich durch diese Erschütterung gegangen und gehe teilweise immer noch durch? Ich habe zunächst sehr viel Halt in den buddhistischen Belehrungen und vor allem in meinen buddhistischen Lehrern gefunden, die so viel lebendige Übertragung zum Thema Sterben und Tod halten – darüber berichte ich in meinem Text auch.

Und meine große innere Stärke hat mich wohl vor allem durch die Zeit der tiefen Trauer getragen. Ich habe es nicht zugelassen, dass ich zerbreche. Das wollte ich nicht. Ich habe gewählt zu leben. Ich habe gewählt, trotz dieser massiven Erschütterung zu leben, und ich habe es immer und immer wieder gewählt. Ich habe mich entschieden, anzuerkennen, dass sich durch den Tod meines Sohnes mein Leben auf eine brutale Art verändert hat. Ich habe erlaubt, dass diese Veränderung meinen Körper, meinen Verstand, mein Bewusstsein durchdringt. Ich habe mir alle Emotionen erlaubt, die in dieser Zeit und auch heute noch auftauchen. Ich bin durch alles durchgegangen. Ich habe kein Gefühl vermieden oder verdrängt und dennoch bin ich nicht daran zerbrochen. Ich habe versucht, geduldig mit mir zu sein, egal wie lange ich nicht wirklich zurück in den Alltag gefunden habe. Ich habe versucht, diese Erschütterung zu durchleben, indem ich sie mir erlaubt habe, indem ich gewählt habe, in der Erschütterung weiterzuleben und indem ich mir erlaubt habe, eine andere zu sein – eine Mutter, die eines ihrer Kinder verloren hat. Dadurch bin ich gewachsen, meine Identität hat sich verändert, ich bin bewusster geworden, aufmerksamer.

Ich glaube daran, dass das Licht immer da ist, dass es immer für uns alle da ist. Dieser Glaube ist gewachsen und noch stärker geworden. Und wir alle kehren irgendwann ins Licht zurück.

Ich habe meine tiefe, unglaubliche Stärke anerkannt.

Das Handy klingelt mich aus dem Schlaf. Es ist zwei Uhr nachts. Ich nehme ab und die Freundin meines ältesten Sohnes Chris stammelt und weint unverständliche Worte. Ich bitte sie zu wiederholen, ich verstehe nichts. Sie ist total aufgelöst. Ich höre das Wort Obduktion. Es dringt irgendwie durch. Ich versuche, sie zu beruhigen. Doch es gelingt nicht. Ich verstehe nicht, was sie mir sagt. Wir vereinbaren, am nächsten Morgen nochmals zu telefonieren.

Obduktion – Obduktion – was soll das heißen? Ist Chris tot???? Nein, bestimmt nicht. Das hat sie nicht gesagt, das habe ich nicht gehört. Ich liege die ganze restliche Nacht wach und sage mir, dass das nicht sein kann. Er ist nicht tot. Obduktion – da habe ich etwas falsch verstanden.

Am anderen Morgen dann die Gewissheit: Chris IST tot! Er hat eine Überdosis Heroin genommen. Heute im Rückblick spüre ich die Schockstarre, in die ich in diesem Moment gefallen bin. Das Nichts. Die Leere. Das Unverständnis.

Und gleichzeitig ist meine pragmatische Seite in mir angesprungen. Was gibt es jetzt alles zu tun?

Das Schwierigste: Ich muss es allen sagen – vor allem meinen beiden anderen Söhnen, Chris' Brüder – ich muss den Schock weitergeben. Das waren sicher die schlimmsten Telefonanrufe meines Lebens.

Nachdem ich alle informiert hatte, kam unsere Familie zusammen. Meine Söhne und meine Geschwister. Weinend lagen wir uns in den Armen. Wir haben so einen großen Halt in unserer Familie – dafür bin ich zutiefst dankbar.

Wir konnten es nicht fassen, denn noch vier Wochen zuvor hatte Chris zusammen mit uns gefeiert. Er war da zum Geburtstag seines Onkels und es ging ihm offensichtlich gut. Er hatte es geschafft, vom Methadon loszukommen und war so lebendig. Er hatte Pläne, mit seiner Freundin zusammenzuziehen und sich einen Job zu suchen.

Und jetzt das? Der goldene Schuss? Es fällt mir so schwer, dieses Wort zu verwenden, zu schreiben. Eine Freundin erklärte mir, dass es sehr oft vorkommt, dass Heroinabhängige nach Entzug falsch dosieren, wenn sie wieder beginnen. Was? Chris hatte wieder begonnen, Heroin zu nehmen? Der große Schock. Warum? Was steckte dahinter? So viel zu verstehen, zu verarbeiten.

Mein anderer großer Halt ist meine buddhistische Praxis. Und meine buddhistischen Lehrer. Wie viel Wissen, wie viel innere Stärke, wie viel Vertrauen habe ich durch über zwanzig Jahre intensives buddhistisches Lernen und Erfahren gewonnen. Viele Jahre habe ich an Phowa-Kursen teilgenommen, dem buddhistischen Sterberitual. Diese Praxis ist so ein tiefes Fundament für alles, was im Sterben und Tod kommt.

Nach Erhalt der Nachricht über Chris' Tod erklang in meinem Inneren die Stimme meines Lehrers: „Mache Phowa für Chris mit deinen buddhistischen Freunden." Ich habe meinem Lehrer auch eine Nachricht geschickt mit einem Foto von Chris, weil ich weiß, wie stark seine Wunsch- und Segenskraft ist, Verstorbene aus einem Zustand der Verwirrung in einen Zustand der Gewissheit und Freude zu begleiten. Er hat mir schnell geantwortet, dass er bei Chris ist und ihn in seinen Erfahrungen nach dem Tod begleitet.

Nach dem Tod gehen wir zunächst in eine Art Ohnmacht, das heißt, wir sind ohne Wahrnehmung, meist für ca. drei Tage. Danach kehrt das Bewusstsein zurück und wir wissen meist gar nicht, was geschehen ist und dass wir tot sind. Wir sind uns auf eine Art noch unserer selbst bewusst, doch haben wir keinen Körper mehr. Unsere Gedanken und Emotionen treiben uns umher.

Ich musste immer wieder an Chris denken, dessen Leichnam sich aufgrund der Überdosis bei der Obduktion befand. Das wird wohl immer untersucht. Ich sah seinen nackten Körper auf dem kalten Tisch vor mir. So allein. So kalt. Niemand da. Und ich dachte daran, wie schrecklich er sich wohl fühlen musste. Nicht zu verstehen, was geschehen war – Tod nach der Drogenerfahrung.

Ich war so traurig, so aufgewühlt und versuchte immer wieder, mit Chris zu sprechen. „Geh ins Licht, sieh das Licht!"

Warten, warten, warten – wann ist endlich die Obduktion? Wann wird der Leichnam freigegeben? Ich rief immer wieder bei der Polizei an – was ist denn passiert, was können Sie mir sagen? Es gab keine zufriedenstellende Auskunft. Ich musste einfach damit zurechtkommen, dass Chris eine Überdosis Heroin genommen hatte.

Mein Kind, mein Sohn – ich fühlte es, als ob er mir aus dem Leib gerissen worden war. Ich weinte, schrie, schluchzte laut. Es ist nicht wahr! Nein!

Es wird dauern, bis der Leichnam freigegeben wird – drei Wochen, vier Wochen ... In dieser langen Wartezeit bis zur Beerdigung brauchten wir etwas für unsere Herzen, für unsere Trauer, für unser Verstehen. Ich organisierte das Phowa für Chris in meinem buddhistischen Zentrum – unser heiliges Ritual, um die Verstorbenen auf ihrem Weg zu begleiten und um uns, den Hiergebliebenen, Halt zu geben. So viele Freunde kamen und sangen die heiligen Texte mit mir. Es war ein großer Trost, so viel Segen. Meine anderen Söhne und meine ganze Familie kamen auch und sie bekamen Erklärungen, wie wir Buddhisten den Tod sehen. Ich war so froh, dass auch sie etwas Trost und Ruhe finden konnten.

Unser buddhistisches Sterberitual – Phowa

Es gibt eine buddhistische Praxis, die im Sterbeprozess und nach dem Tod begleitet. Uns selbst, wenn wir sie erlernt haben oder auch andere, wenn wir sie für sie beim und nach dem Sterben machen.

Ich konnte diese Praxis in meinem buddhistischen Zentrum zusammen mit Freunden durchführen. Es sind Gesänge und Gebete, die dem Verstorbenen Geleit geben ins „Reine Land" – in einen Zustand, wo Frieden, Weisheit und Glück herrschen. Es ist so ein Geschenk, solch eine Praxis zu haben. Sie stärkt innerlich. Sie bringt Segen. Sie bringt Licht.

(Mehr darüber und viele detaillierte Informationen zum Sterbeprozess selbst kann man im Buch „Von Tod und Wiedergeburt" von Lama Ole Nydahl finden.)

Nach dem Phowa und den Erklärungen, die meine Familie bekommen hatte, setzten wir uns zusammen und aßen und tranken auf unseren wunderschönen geliebten Chris. Es war so eine lichtvolle, friedliche und gesegnete Zusammenkunft – so viel Liebe, dass es kaum in Worte zu fassen ist. Das Foto von Chris leuchtete. SEGEN – Segen für ein zu tröstendes Mutterherz und für die so heftig getroffenen Herzen seiner Brüder.

Es folgten Wochen des Wartens, des Wartens auf Chris' Urne. Organisieren der Verbrennung in Berlin – ich wollte nicht, ich konnte nicht nach Berlin fahren. Ich regelte alles von meinem Wohnort aus. Telefonate mit der Polizei, die letztlich nichts ergaben. Telefonate mit den Nachbarn, die mir auch nicht viel sagen konnten. Trostlos, traurig, ohnmächtig.

Ich wollte auch Chris' Freunde über seinen Tod benachrichtigen. Doch wie sie erreichen, ohne ihre Kontaktdaten zu haben. Schließlich habe ich es über seinen Facebook-Account getan – und konnte so viele erreichen.

Was dann folgte, war eine Flut an herzlichen, wunderschönen Beileids-Bezeugungen seiner Freunde. Wie sie Chris erlebt haben, was sie mit ihm erlebt haben. Wie sie seinen Tod empfinden. Es war so ein schöner, tiefer und tröstender Austausch.

Einmal ging ich spazieren und da war es, als sei Chris an meiner Seite. Er sagte zu mir: „Mama, ich wollte nicht sterben. Ich wollte weiterleben. Es war ein Unfall." Diese Begegnung war so real, so echt und tröstete mich.

Lange Wochen später kam endlich die Urne mit Chris' Überreste zu unserem Heimatfriedhof. Ich durfte sie öffnen und ein buddhistisches gesegnetes Symbol hineingeben. Ein Bild des Roten Buddha Amitabha, der das Reine Land bewahrt. Für mich ist dieser Segen nun auf dem ganzen Friedhof und alle können daran teilhaben.

Die Zeit um Chris' Tod bis hin zu seiner Beerdigung war trotz allen Schreckens und aller Trauer begleitet und getragen vom Segen meiner buddhistischen Lehrer. Ich war nicht allein. Immer wieder erfuhr ich Wellen des Wissens, der Liebe, des Segens, des Gehaltenseins.

Mein tiefstes Erlebnis in dieser Zeit war, dass ich auf einmal tief, tief in mir spürte, dass dieses kurze Leben von Chris, geprägt durch seine starke Drogenabhängigkeit, eine ERFAHRUNG war. Eine einzelne Erfahrung von Millionen, ja Billionen, unzähliger Erfahrungen, die es in unserer Erfahrungswelt gibt. Das gab mir einen tiefen Frieden. Denn es wird viele andere neue und wunderschöne Erfahrungen geben.

Ein anderes Mal saß ich heftig weinend auf meinem Sofa. Geschüttelt. Da hörte ich die Stimme meines großen Lehrers Karmapa in mir oder besser ich erlebte ihn, wie er mich ansah und sagte: „Chris war bei mir." Ich erinnerte mich, wie Karmapa Thaye Dorje uns einmal sagte: „Jedes Wesen, dem ich begegnet bin, kommt im Tod bei mir vorbei." Das bedeutet, dieses Wesen bekommt einen Licht- und Segensschub in die richtige Richtung und muss sich nicht verlieren im Meer der unendlichen Gedanken und Emotionen. Ich war so erfüllt und dankbar.

Es kam der Tag der Beerdigung. Die Beerdigungsfeier war wunderschön. Ich wollte, dass sie licht ist. Es kamen so viele Freunde, vor allem auch Freunde meiner beiden anderen Söhne. Das hat so gutgetan. Die Oktober-Sonne strahlte warm, alles war in leuchtende Farben getaucht. Ein Freund hielt die Trauerrede. Meine Familie las ein wunderschönes Gedicht vor. Und die Klänge einer Klarinette gaben den Rahmen. Beim Versenken der Urne flossen viele Tränen und als wir zusammen das Lied „Über den Wolken" sangen, war es, als ob Chris uns grüßte: Es stieg ein Ballon auf.

Ich hatte große Angst vor der Beerdigungsfeier – würde ich es durchstehen? Doch als es so weit war, durchflutete mich eine innere Stärke und es fühlte sich an, als ob ich die ganze Feier halten und dirigieren würde. Für meine Söhne. Sie weinten so sehr.

Die Wochen und Monate danach waren schwer, still, zurückgezogen. Ich hatte mich gerade selbstständig gemacht. Nun hatte ich keine Kraft, meine Selbstständigkeit nach vorne zu bringen. Keine Inspiration. Ich nahm mir diese Zeit – es ging nicht anders. Ich wusste bereits vom Tod meiner Eltern, dass wir durch viele Phasen gehen. Und ich wusste, dass die Phasen auch durchschritten werden und vorübergehen. Doch wir müssen durch jede einzelne hindurch.

Nach und nach kam wieder mehr Leben in mich. Ich konnte aktiver werden. Manchmal hatte ich regelrechte Wutattacken. Als ich erforschte, woher sie kamen, wurde mir klar, dass ich einen Moment der Trauer übergangen hatte. Ab diesem Zeitpunkt erlaubte ich mir die Tränen und das Schluchzen in dem Moment, wo es da war.

Chris hatte bei seinem letzten Besuch einen Pulli bei mir vergessen. Ich war so dankbar dafür. Ich hielt ihn ganz oft in meinen Armen. Der Pulli war wie eine lebendige Erinnerung an meinen Sohn.

Am schlimmsten jedoch waren die Schuldgefühle. Ich warf mir vor, was ich alles versäumt hatte, sodass Chris begonnen hatte, Drogen zu nehmen. Ich wusste rein kognitiv, dass es keine Schuld gibt. Trotzdem wurde ich gequält von Schuldgedanken. Ich konnte sie nicht stoppen. Sie waren tief in mir drin. Wie wäre es gewesen, wenn ich da und dort anders gehandelt hätte? Wenn ich ihn nicht so oft bewertet und verurteilt hätte? Wenn ich mehr für ihn da gewesen wäre, besonders als Kind. Wenn ich nicht so oft …, wenn ich nicht so wenig … Wenn seine Geburt anders verlaufen wäre … Tiefe Dunkelheit und Verzweiflung. Immer wieder.

Ich konnte mir hier nicht selbst helfen, trotz allem Wissen, das ich habe. Schließlich habe ich Hilfe bekommen durch eine Frau, die channelt. Sie und ihre Lichtführer haben mir aufgezeigt, dass es Chris' Wahl war, Drogenerlebnisse zu haben, dass er das in diesem Leben erfahren wollte. Ich schreibe hier nur Worte, aber ich konnte tief in mir Entlastung spüren. Die Schuldgefühle hörten auf.

Später hörte ich wieder einen sehr tröstenden Satz von meinem buddhistischen Lehrer Lama Ole: „JEDER stirbt." Er sagte es so einfach, so klar, so unverrückbar. Was sich wie eine Banalität anhören mag, war in diesem Moment so tröstlich.

Eine buddhistische Freundin hörte mir bei einem Treffen zu, ich konnte einfach weinen, so sein, wie ich bin. Und sie schaute mich mit ihren klaren blauen Augen an: „Sein Karma war ein kurzes Leben." Und auch dieser Satz wurde mit so viel unbedingter Liebe gesprochen, dass er mir tiefen Trost spendete. Ihre blauen Augen sehe ich noch heute vor mir und sie versichern mir auch heute noch, dass alles gut ist.

Ein Jahr war vergangen. Ich wagte es, an einem Veranstaltungsort einen Vortrag zu geben: „Sterben und Tod aus buddhistischer Sicht" Es war November. Der Vortrag fand statt und ich bat Karmapa innerlich um seinen Segen, damit ich das Richtige sagte und vermittelte. Es kamen sechs Frauen, die alle ein Kind verloren hatten.

Es war der schönste und tiefste Vortrag – nein, es war ein Austausch –, den ich je hatte. Wir Frauen haben uns so berührt, wir haben gemeinsam geweint und wir haben Zukunft geöffnet. Wir waren danach alle wie in Trance. Berührt, beseelt, getröstet, wissend.

Es gibt diese wunderschöne Geschichte, wo eine Mutter, die ihr Kind verloren hat, zu Buddha kommt und ihn darum bittet, ihren Schmerz zu lindern oder gar wegzunehmen. Buddha gibt ihr daraufhin den Auftrag, ihm ein Reiskorn von jedem Haushalt zu bringen, wo noch niemand gestorben war. Die Frau ging von Haus zu Haus, doch in jeder Familie war jemand gestorben. Sie kam ohne Reiskorn zurück zu Buddha und hatte erkannt, wie sehr der Tod zum Leben gehört. Ich durfte diese Geschichte „live" erleben, als ich mit den sechs Frauen zusammen war. Wir alle haben tief im Herzen erfahren, dass wir nicht allein sind. Und das tat uns so unendlich gut.

Ein wundervoller Satz lief mir über den Weg: „Die Trauer ist wie eine zugelaufene Katze. Sie springt dir einfach völlig unerwartet auf den Schoß. Dann ist es das Beste, sie zu streicheln." Ja, auch heute noch kommen Erinnerungen hoch, Bilder fallen mir in die Hand, unerwartet denke ich an Chris. Und dabei gibt es alle Arten von Emotionen. Und sie dürfen sein. Sie gehören zu mir, zum Leben.

Und dann das größte Wunder: Nach ungefähr einem Jahr intensiver Trauer wurden die Frauen meiner beiden Söhne fast zeitgleich schwanger. Zwei kleine neue Wesen kamen in unser Leben. So ein Geschenk! Zwei Jungs, die uns nun jeden Tag erfreuen. Das Leben lebt. Und es ist schön.

Heute habe ich immer wieder Momente, in denen mir die Tränen in den Augen stehen oder wo ich einfach weine. Wo ich ihn vermisse – meinen Sohn, meinen Erstgeborenen. Seine Einzigartigkeit, sein Lachen, seine Schönheit, seine Weisheit, seine starke Intuition, sein tiefes Wissen, seine Augen, einfach IHN. Ich liebe ihn. Und ich bin für jede Sekunde dankbar, die wir noch zusammen hatten. Unsere Spaziergänge. Ich weiß noch jeden Weg. Unsere Gespräche. Unser Zusammensein.

Danke Chris, dass wir ein Leben zusammen hatten.
Danke für dich!

In Liebe, deine Mam

Barbara Grashaus
Coach

Ich bin Barbara Grashaus, sechzig Jahre alt, verheiratet und Mutter von drei Söhnen.

Nach drei Jahren Trauer und Trauerarbeit haben mein Mann und ich uns entschieden, nach Italien/Ligurien zu ziehen. Hier habe ich ein neues, wunderschönes, leichtes Lebensgefühl. Die Sonne am Himmel erwärmt die Sonne in meinem Herzen. Genuss und Sinnlichkeit werden wieder lebendig.

Von hier aus begleite ich Menschen offline und online als Coach auf neue, herrliche und erfüllte Wege in ihrem Leben. Ich öffne sie für die in ihnen wohnende ganz eigene Wahrheit. Barbaras Bliss steht für: frei – reich – glücklich! Wenn du die Freiheit, den Reichtum und das Glück auch für dein Leben wählen möchtest, melde dich gerne bei mir!

Kontakt:
www.barbarasbliss.com
barbarasteigerwald@hotmail.de

Wir haben das Leben nicht in der Hand.
Es hat seinen ganz eigenen Plan.
Oft können wir nur
zuschauen und reagieren.
Ganz besonders, wenn es um
Sternenkinder geht.

Sven Stöckle beschreibt zuerst,
was wohl die wenigsten unter uns wissen.
Umso wertvoller ist dieses Wissen
um ein Grabfeld, welches für
Sternenkinder ins Leben gerufen wurde.

Sven Stöckle

Grabfeld für Sternenkinder auf dem Waldfriedhof in Leutkirch

Festhalten, was man nicht halten kann,
begreifen wollen, was unbegreiflich ist,
im Herzen tragen, was ewig ist.

Mit diesem schönen Zitat eines unbekannten Verfassers möchte ich Sie, liebe Leser, herzlich einladen in das Kapitel „Grabfeld für Sternenkinder", welches von mir im Jahr 2011 auf dem Waldfriedhof in Leutkirch im Allgäu ins Leben gerufen wurde, einzutauchen.

Was sind eigentlich Sternenkinder?

Als Sternenkinder oder auch Schmetterlingskinder bezeichnet man Kinder, die als Tot- oder Fehlgeburt mit einem Gewicht unter 500 g geboren wurden und nach dem deutschen Personenstandsrecht nicht gelebt haben und somit nicht bestattungspflichtig sind. Kinder über 500 g sind in der Regel bestattungspflichtig, wobei es hier in jedem Bundesland auch unterschiedliche Vorgehensweisen gibt, da das Bestattungsrecht in Deutschland eine Ländersache ist.

Im Mai 2013 gab es zum Glück eine Gesetzesänderung. Bis dahin wurde ein Sternenkind nicht als Person registriert, was häufig dazu geführt hat, dass die „Kleinen" einfach mit dem Klinikmüll entsorgt oder sogar in einem anderen Sarg mit einer anderen Person zu Grabe getragen wurden, was über sehr viele Jahre leider eine gängige Praxis war, die es nun aber nicht mehr gibt. Seit dem Jahr 2013 haben Eltern die Möglichkeit, den Tod ihres Sternenkindes beurkunden zu lassen, um auch um ihr Kind, welches jetzt vor dem Gesetz gelebt hat, trauern zu können.

Warum?
Auf diese Frage wird es wohl nie eine wirkliche Antwort geben. Das Kind war vielleicht noch zu klein oder zu schwach, um leben zu können. Viele Gedanken und schmerzliche Gefühle beschäftigen einen Menschen, wenn er so einen unbeschreiblichen Verlust erlitten hat. Es braucht Zeit, wenn man ein Kind verloren hat, um wieder einen einigermaßen klaren Gedanken fassen zu können.

Nach einer Fehl- oder Totgeburt sind in einer Klinik der Sozialdienst, das Pflegepersonal, die Klinikpsychologen oder auch die Klinikseelsorger erste wichtige Ansprechpartner.

Außerdem haben die betroffenen Frauen auch Anspruch auf eine Hebammen-Betreuung, die von der Krankenkasse bezahlt wird.

Der Verlust des eigenen Kindes ist sicher das Schlimmste, was Eltern passieren kann. Diese Erfahrung habe ich in meiner Zeit, als ich als Bestatter tätig gewesen bin, immer wieder erlebt. Wie es aber in einem selbst aussieht, wenn man diese schmerzliche Erfahrung macht, kann man glaube ich erst verstehen, wenn man es selbst durchlebt hat, auch wenn dies etwas ist, was man keinem wünscht, da es plötzlich alles in Frage stellt, was man in seinem bisherigen Leben als gut und richtig empfunden hat.

Die Idee, das Grabfeld für Sternenkinder auf dem Waldfriedhof in Leutkirch ins Leben zu rufen, hatte ich im Jahr 2009.

Mein Wunsch war es einfach, für die Betroffenen, meist sind es ja auch jüngere Eltern, die keine Grabstelle haben oder das vielleicht vorhandene Grab der Großeltern nicht nehmen wollen, einen Ort zu schaffen, wo sie ihr Sternenkind würdevoll und ganz individuell zu Grabe tragen können.

Die Idee dazu hatte ich schon vor langer Zeit. Im Jahr 2009 bin ich mit meinem damaligen Chef, der Inhaber eines Bestattungsbetriebs hier am Ort ist und wo ich zur damaligen Zeit als Bestatter gearbeitet habe, zum Oberbürgermeister der Stadt Leutkirch gegangen. Der Waldfriedhof, wo später das Grabfeld für Sternenkinder entstanden ist, ist ein Friedhof, der in der Trägerschaft der Stadt liegt und alles, was auf dem Friedhof passiert, benötigt die Zustimmung vom Oberbürgermeister und dem Gemeinderat.

Wie man in der Regel mit Frühgeburten umgegangen ist, habe ich bereits erwähnt. In den größeren Kliniken hat man vor einigen Jahren das Problem erkannt und zumindest damit angefangen, sogenannte Sammelbestattungen zu machen.

Was ist eine Sammelbestattung?

Im Frühjahr und im Herbst werden dann die Sternenkinder in einer Sammelbestattung auf dem Friedhof an einem bestimmten Platz, der dafür geschaffen wurde, bestattet. Die Eltern der Sternenkinder werden von der Klinik zu der Sammelbestattung eingeladen, bei der in der Regel ein ökumenischer Gottesdienst abgehalten wird.

Die Sternenkinder selbst sind bis zu ihrer Sammelbestattung in der Regel in der Abteilung für Pathologie, wo sie in einer Formaldehyd-Lösung liegen, damit sie bis zu ihrer Bestattung haltbar bleiben. Dies zu wissen, gehört denke ich auch zur Ehrlichkeit dazu, da ja nur zweimal im Jahr die Sammelbestattung angeboten wird. „Eine Hand voll Leben" trifft die Größenbezeichnung von einem Sternenkind sicher ganz gut, nur damit man eine grobe Vorstellung davon bekommt, wie groß in etwa ein Sternenkind ist.

Natürlich ist eine Sammelbestattung ein gewisser Fortschritt, wenn man bedenkt, wie man viele Jahre zuvor mit Sternenkindern umgegangen ist.

Dennoch war es mir ein Anliegen, etwas Persönliches und auch Individuelles für betroffene Eltern machen zu können. Aus vielen Gesprächen mit Eltern habe ich immer wieder herausgehört, dass eine Sammelbestattung für sie nicht einfach ist, weil sie natürlich wissen, dass ihr Baby bis zum nächsten Beisetzungstermin in einer Lösung konserviert liegt.

Das ist sicher nicht leicht und für viele Eltern auch ein Problem, in ihrem eigenen Trauerprozess nicht weiterzukommen, da die Zeitspanne bis zur Beisetzung sehr lang sein kann.

Die Krankenhauslandschaft bei uns im Allgäu hat sich in den vergangenen fünfzehn Jahren deutlich verändert. Wir hatten in der Region zwei kleinere Krankenhäuser, die auch Geburtsabteilungen hatten, jedoch wurden beide geschlossen und die werdenden Eltern mussten nun auch längere Wege zur Entbindung auf sich nehmen, eben in die nächsten größeren Kliniken.

Wie bereits erwähnt, mein Wunsch war es, für die Eltern mit dem Grabfeld für Sternenkinder etwas Persönliches und auch Individuelles möglich machen zu können.

Da der Waldfriedhof bei uns in Leutkirch jede Menge Platz bietet und die Stadt auch offen ist für Menschen, die außerhalb der Gemeinde leben, war es für mich eine wichtige Entscheidung, genau diesen Friedhof auszuwählen. Dass wir hier im Allgäu leben, was zu Baden-Württemberg gehört, jedoch nur wenige Kilometer entfernt von vielen Nachbargemeinden, die wiederrum zu Bayern zählen, also einem anderen Bundesland, war eine weitere Überlegung, das Grabfeld hier entstehen zu lassen.

Mit dem Waldfriedhof in Leutkirch war ein Friedhof gefunden, der es möglich macht, für alle Bürger aus zwei Bundesländern eine wichtige Anlaufstelle zu sein.

Ich kann mich noch sehr gut an das Gespräch mit unserem Oberbürgermeister erinnern, der auch heute noch Oberbürgermeister ist, da er sehr offen und neugierig gegenüber meinen Ideen gewesen ist, die in mir selbst schon seit langer Zeit vorhanden waren und nun angefangen hatten, Gestalt anzunehmen.

Es hat zwar einige Monate Zeit in Anspruch genommen, bis meine Ideen vom Oberbürgermeister den Weg in den Gemeinderat gefunden haben, weil natürlich auch dieser dazu gehört werden musste, aber das Warten hat sich gelohnt.

Nachdem der Platz auf dem Waldfriedhof mit der Stadt gefunden war, ging es nun um die würdevolle Gestaltung der Grabstelle und natürlich auch um das Konzept, welches in die Friedhofssatzung mit einfließen musste. Da man nun ein Grabfeld für Sternenkinder aus der Taufe gehoben hatte, musste natürlich die Friedhofssatzung erneuert werden.

Anschließend habe ich mit vier verschiedenen Steinmetzen aus der Region Kontakt aufgenommen und sie gefragt, ob sie für das Grabfeld für Sternenkinder etwas gestalten könnten, was dem Ort gerecht werden kann. Von den vier Steinmetzen haben zwei einen Vorschlag erarbeitet und der ortsansässige hat den Zuschlag bekommen. Was mir außerdem selbst auch immer wichtig gewesen ist, dass wenn es möglich ist, für niemand irgendwelche Kosten entstehen, da es oft ja auch jüngere Eltern sind, die ihr Kind verloren haben, um sie in ihrer Trauer und ihrem Schmerz nicht noch mit zusätzlichen Kosten zu belasten.

Als ich diesen Vorschlag gemacht habe, bin ich gleich auf offene Ohren und Türen gestoßen, was mich bis heute immer noch sehr berührt, da wir ja in einer Zeit leben, wo es nicht unbedingt selbstverständlich ist, etwas umsonst zu machen. Die Stadt erhebt keine Friedhofsgebühren, die Bestatter verlangen nichts und auch der Steinmetz hat für seine Arbeit und für die Skulptur für das Grabfeld nichts gefordert.

Damit war nun der Weg auf dem Waldfriedhof in Leutkirch geebnet, ein Grabfeld für Sternenkinder zu gestalten, damit die Eltern und die Sternenkinder einen würdevollen Ort haben. Einen Ort der Trauer, aber auch einen Ort der Begegnung, da man oft auf einem Friedhof Menschen trifft, die eventuell denselben Verlust erlitten haben und sich dort vielleicht zu einem Austausch finden. Auch wenn es sich paradox anhören mag, auf einem Friedhof kann auch etwas Neues entstehen. Begegnungen und vielleicht auch Freundschaften.

Mit einer Bekannten von mir, die als freie Hebamme arbeitet und im Laufe der Jahre zu einer wichtigen Schnittstelle geworden ist zwischen den Eltern, dem Bestatter und auch mir, habe ich einen Flyer gestaltet, der die Eltern, Angehörigen und Freunde der Familie bei der Hand nimmt und versucht, ihnen ihre Ängste etwas zu nehmen.

In dem Flyer ist auch zu lesen, wie eine Beisetzung auf dem Grabfeld für Sternenkinder aussehen kann und wer alles hier bestattet werden darf.

Hier möchte ich gerne punktuell darauf eingehen, damit man eine etwas bessere Vorstellung bekommt. Ich kann natürlich an dieser Stelle nur für das Grabfeld für Sternenkinder auf dem Waldfriedhof in Leutkirch sprechen. Da wie bereits erwähnt, das Bestattungsrecht in Deutschland Ländersache ist, kann es in anderen Regionen auch ein kommunaler Friedhof sein, der von der Gemeinde getragen wird, oder ein kirchlicher Friedhof.

Wenn Sie sich nicht sicher sind, fragen Sie den Bestatter Ihres Vertrauens vor Ort oder man nimmt mit dem Friedhofsträger direkt Kontakt auf.

Im Grabfeld für Sternenkinder auf dem Waldfriedhof in Leutkirch können alle Sternenkinder aus Leutkirch, den Teilgemeinden sowie aus den bayerischen Nachbargemeinden beigesetzt werden. Was für unsere Region ein großes Glück und nicht unbedingt selbstverständlich ist.

Das Grabfeld für Sternenkinder ist offen und frei von jeder Glaubens- und Religionszugehörigkeit. Die Stadt Leutkirch sowie alle Beteiligten verzichten auf Gebühren und berechnen keine weiteren Leistungen. Für jedes Kind gibt es eine Einzelbestattung. Den Eltern steht es natürlich frei, die Bestattung ihres Kindes selbst zu gestalten, wenn sie dies möchten, oder einen Geistlichen bzw. einen Trauerredner zu beauftragen.

Die Trauerfeier Ihres Kindes kann in der Feierhalle vom Waldfriedhof oder direkt am Grabfeld stattfinden. Eine individuelle Grabgestaltung ist nicht vorgesehen, jedoch besteht die Möglichkeit, die Grabstelle mit einem kleinen Findling zu schmücken, der zum Beispiel mit dem Namen des Kindes vom Steinmetz beschriftet werden kann.

Mit dem Grabfeld für Sternenkinder auf dem Waldfriedhof in Leutkirch soll der Würde Ihres Kindes in angemessener Weise Rechnung getragen werden. Das Grabfeld soll ein Ort des Gedenkens sein für alle Betroffenen, unabhängig von jeglicher Religions- und Konfessionszugehörigkeit.

Im Jahr 2009 ging ich mit meiner Idee zum Oberbürgermeister und im September 2011 konnten wir das Grabfeld für Sternenkinder auf dem Waldfriedhof in Leutkirch seiner Bestimmung übergeben.

Natürlich war ich sehr stolz darauf, etwas auf den Weg gebracht zu haben, mit der Hilfe und Unterstützung aller Beteiligten. Arbeit, Energie und viel Herzblut und die Hoffnung, etwas Gutes und Wichtiges für die Allgemeinheit zu schaffen, was man hoffentlich nie selbst in Anspruch nehmen muss.

In der Zeit der Gestaltung kam mir immer wieder in den Sinn, das Grabfeld für Sternenkinder ist wie die Feuerwehr. Jeder ist froh zu wissen, dass es sie gibt, aber jeder ist auch erleichtert, wenn er sie niemals braucht.

Mit einem kleinen Festakt, einem Bild und einem Zeitungsbericht wurde das Grabfeld für Sternenkinder im September 2011 dann seiner Bestimmung übergeben. Auch nach gut zehn Jahren finde ich es sehr schön und wichtig, dass es einen Platz gibt auf dem Waldfriedhof in Leutkirch, wo die Sternenkinder, denen es leider nicht vergönnt gewesen war, ihren Platz im Leben anzutreten, nun zumindest einen Ort haben, wo sie in Würde ihre letzte Ruhe finden.

Zu dieser Zeit war ich entweder als Bestatter oder als Trauerredner viel auf dem Waldfriedhof tätig und immer wieder musste ich auch Kinder zu Grabe tragen oder habe als Trauerredner versucht, den Eltern etwas Trost zu spenden, wenngleich sie das Wertvollste in ihrem Leben verloren haben.

Wenn man selbst zwei Kinder hat und die beiden auch noch gesund sind, kann man sich glücklich schätzen. Immer wieder erlebe ich in meiner Tätigkeit, wie schnell ein Glück auf dieser Welt auch vergehen kann und dass es eben nicht selbstverständlich ist, wenn es allen gut geht.

Oft sind es junge Eltern, die plötzlich mit dem Verlust ihres Kindes konfrontiert werden. Manchmal haben sie schon Kinder, häufig ist es aber auch das erste Kind, welches nun zu Grabe getragen werden muss. Ein sehr schmerzhafter Einschnitt, weil es ja eigentlich nicht der natürlichen Reihenfolge entspricht.

Selbstverständlich stellt sich einem immer wieder die Frage nach dem „Warum". Darauf wird es wohl nie eine wirkliche Antwort geben. In über zehn Jahren meiner Tätigkeit als Bestatter und auch als Trauerredner habe ich sehr vielen Menschen gegenübergesessen, die liebe Menschen in ihrem Leben durch ganz verschiedene Umstände verloren haben.

Wenn man als Betroffener aber plötzlich selbst auf der anderen Seite vom Tisch sitzt, sehen die Dinge ganz anders aus. Diese Erfahrung habe ich vor vielen Jahren selbst gemacht, als ich meinen Vater zu Grabe tragen musste.

Wie es jedoch ist, als Eltern sein eigenes Kind zu verlieren, kann man in Worten eigentlich nicht beschreiben. Für viele Eltern, die ihr Kind verloren haben, wird es immer eine Wunde sein auf ihrer Seele, die nie wirklich verheilt. Diese Erfahrung habe ich in vielen Gesprächen mit Eltern gemacht, egal wie alt das Kind war. Ein Kind bleibt für uns Eltern eben immer unser Kind.

Wenn die Familie, die ihr Kind verloren hat, noch weitere Kinder hat, dann ist es wertvoll und auch wichtig, die Geschwister in die Trauer und den erlittenen Verlust mit einzubeziehen. Man sollte mit den Geschwistern des verstorbenen Kindes sprechen, ihnen zu erklären versuchen, was passiert ist. Die Erfahrung zeigt aber auch, dass man sie nie zwingen sollte.

Es gibt Geschwisterkinder, die voll und ganz bei der Vorbereitung der Trauerfeier mithelfen wollen und so viel wie möglich selbst machen möchten, genauso gibt es aber auch Geschwisterkinder, die lieber für sich sein möchten, um so auf ihre Art und Weise trauern zu können.

Meine Erfahrung hat mir in den ganzen Jahren gezeigt, dass es kein Falsch und kein Richtig gibt. Was für den einen gut und wichtig ist, geht für den anderen vielleicht gar nicht. Auch wenn einem oft die Kraft und die Worte fehlen, ist es wichtig, füreinander da zu sein. Jeder Mensch trauert auf seine Art und Weise.

Das Grabfeld für Sternenkinder ist für viele Menschen etwas ganz Wichtiges, wie ich aus vielen Gesprächen im Laufe der Jahre immer wieder gehört habe. Zum einen, weil die Menschen selbst betroffen sind. Andererseits besuchen aber auch viele Menschen das Grabfeld für Sternenkinder auf dem Waldfriedhof in Leutkirch, um dort Ruhe zu finden oder um innezuhalten.

Am Grabfeld selbst steht eine kleine Bank, wo hin und wieder auch mal jemand eine Pause macht, der gerade ein Grab gerichtet hat. Manchmal treffen sich auch Menschen dort, die ins Gespräch kommen, weil sie ein Sternenkind oder sonst einen lieben Menschen verloren haben.

Oft rufen Menschen an und wollen sich informieren über das Grabfeld für Sternenkinder, weil sie es bei einem Besuch auf dem Friedhof entdeckt haben, ohne dass sie selbst betroffen sind. Aber es kommt auch vor, dass Familien sich melden, die gerade ein Sternenkind verloren haben und sich noch nicht ganz sicher sind, was genau sie nun tun sollen.

Ob sie ihr Kind in dem Grabfeld für Sternenkinder beisetzen oder sich für die Sammelbestattung entscheiden sollen, auf die ich ja schon eingegangen bin. Auch hier gibt es kein Falsch oder Richtig. Beide Bestattungsmöglichkeiten haben ihre Berechtigung, die Entscheidung müssen die Eltern für sich selbst treffen.

Hier in Leutkirch im Allgäu leben wir in einer ländlichen Region, wo jeder oft jeden kennt. Auch gibt es vor Ort eine Trauergruppe, die jedoch nicht von jedem Einheimischen in Anspruch genommen werden möchte. Wenn man sich kennt, hat es sicher seine Vorteile, aber es gibt halt auch Situationen im Leben von uns Menschen, wo man vielleicht lieber anonym sein möchte, was man jedem natürlich auch zugestehen sollte.

Sich mit dem Thema Sterben und Tod zu beschäftigen, ist Lebensschule pur, diese Erfahrung durfte ich in den vergangenen Jahren meiner Tätigkeit immer wieder machen. Es gibt wie gesagt kein Falsch oder Richtig.

Manche Eltern sieht man nach einer Trauerfeier oft gar nicht mehr und andere trifft man entweder auf dem Friedhof beim Gräberbesuch oder in der Stadt beim Einkaufen. Wenn es sich ergibt, kommt man dann auch ins Gespräch und so, wie es im Leben eben auch ist, sind die Wege der Menschen, die gerade ein Kind verloren haben, sehr unterschiedlich.

Es gibt Ehen und Beziehungen, die sind daran zerbrochen. Aber auch Familien, die es nach dem Verlust ihres Sternenkindes geschafft haben, sich wieder neu zu finden und oft ist bald ein weiteres Kind in die Familie gekommen, welches dann das Glück gebracht hat.

Genauso gibt es aber auch Familien, die versuchen, mit dem Verlust ihres Sternenkindes zu leben, was in manchen Zeiten besser und in anderen weniger gut funktioniert.

Auch dies habe ich in vielen Gesprächen mit Familien erfahren. In meiner Zeit als Bestatter und auch heute als aktiver Trauerredner bin ich immer wieder überrascht, weil ich dazulernen und die Erfahrung machen darf, wie verschieden Menschen gerade dann reagieren, wenn sie einen lieben Menschen verloren haben.

Gewiss gesteht man einem Menschen mit neunzig Lebensjahren in unserer Gesellschaft zu, dass der Tod in diesem Lebensalter ein natürlicher Teil ist, der zum Leben dazugehört. Wenn man als Eltern ein Kind verliert, so geht auch ein Teil von einem selbst. Und somit wird das Sterben und der Tod immer ein ganz besonderes Thema bleiben, mit all seinen Facetten, Fragen und Ängsten.

Zu verstehen, dass wir alle einmal gehen müssen von dieser Welt, egal wie viel Lebenszeit uns bis dahin geschenkt wurde, ist zwar schmerzlich, jedoch die einzige Realität, die uns Menschen alle einmal treffen wird.

Kinder sind je nach Lebensalter sehr offen und gehen mit dem Thema Sterben und Tod oft sehr unbeschwert um, diese Erfahrung habe ich des Öfteren schon gemacht. Die Geschwisterkinder sind häufig mit sehr viel Engagement bei den Vorbereitungen und bei der Trauerfeier dabei, oft singen sie oder streuen Blumen und sind guter Dinge, womit wir Erwachsenen manchmal etwas schwer umgehen können. Dies ist natürlich nicht immer so, kann jedoch durchaus vorkommen. Kinder nehmen uns Erwachsene oft an die Hand und führen uns, wie wir selbst uns dies nie vorstellen könnten.

Durch Begegnungen auf dem Friedhof habe ich gesehen und erlebt, dass Eltern und auch Angehörige über viele Wochen und Monate häufig zu gewissen Zeiten auf den Friedhof gehen, was für viele Menschen ein wichtiges Ritual ist.

Irgendwann werden die Besuche auch weniger, was sicher nicht heißt, dass man vergessen wurde, aber Trauer ist nun einmal ein Prozess, der auch weitergehen darf und muss, um wieder ins Leben zurückzufinden. Und auch hier ist es wie im Leben selbst. Manche Dinge brauchen mehr Zeit, andere gehen schneller.

Friedhöfe sind Orte der Begegnung und der Erinnerungen, aber auch Orte der Vergänglichkeit. Wichtig ist der Platz unserer Verstorbenen in unseren Herzen, wenn sie da zu Hause sind, sind sie immer bei uns.

Vor einigen Jahren durfte ich die bekannte Buchautorin Barbara Pachl-Eberhart bei einer ihrer Autorenlesungen persönlich kennenlernen. In ihrem Buch erzählt sie über den Verlust ihrer Familie durch einen tragischen Verkehrsunfall, bei dem sie ihren Mann und ihre beiden kleinen Kinder verloren hat. Ich habe sie damals gefragt, wie es ihr nach all den Jahren geht und ob für sie die Autorenlesungen nicht immer wieder schwer sind, da sie ja ihre Geschichte stets von vorn erzählt.

Ihre Antwort hat mich sehr überrascht. Sie sagte damals: Wenn ein Mensch so ein traumatisches Erlebnis hatte, dann gäbe es nur zwei Möglichkeiten. Entweder man zerbricht daran oder man findet wieder ins Leben zurück.

Dies zu hören, hat mich sehr beeindruckt. Ich selbst habe im Laufe der Jahre als Bestatter und Trauerredner viel dazugelernt und tue dies noch heute. Viele Dinge, über die ich mich früher vielleicht aufgeregt hätte, sehe ich heute gelassener, weil unser aller Leben ein Geschenk und nichts auf dieser Welt selbstverständlich ist.

Im Laufe der Jahre fanden weitere Sternenkinder ihre letzte Ruhe im Grabfeld für Sternenkinder, was mich persönlich immer auch sehr berührt.

Ich möchte mich an dieser Stelle ganz herzlich bei allen Menschen bedanken, die beim Grabfeld für Sternenkinder auf dem Waldfriedhof mitgeholfen haben und aktiv gewesen sind, damit alle Eltern die Möglichkeit haben, ihr Sternenkind in Würde zu Grabe zu tragen.

Ich hoffe, in diesem wunderschönen Buch mit meinem Kapitel ein Stück weit auf dem Weg des Lebens und der Trauer ein Begleiter sein zu dürfen.

Vielen Dank.

Sven Stöckle

Trauerredner

Mein Name ist Sven Stöckle, ich bin 46 Jahre alt, verheiratet und Vater von zwei Kindern und Papa von einem Sternenkind. Beruflich bin ich als Pflegefachkraft tätig und war über zehn Jahre angestellter Bestatter. Seit über zwölf Jahren bin ich frei-beruflicher Trauerredner und habe das Grabfeld für Sternen-kinder auf dem Waldfriedhof in Leutkirch ins Leben gerufen.

Beruflich hatte und habe ich immer mit dem Leben und dem Tod zu tun. Mir ist es wichtig, gerade als Trauerredner eine persönliche und individuelle Traueransprache zu gestalten und zu halten.

Zuverlässigkeit, Einfühlungsvermögen, Ehrlichkeit und Empa-thie sind wichtige Grundlagen in der Arbeit mit Menschen, die einen Menschen verloren haben.

Als Trauerredner und Initiator für das Grabfeld für Sternenkinder sind das die Eigenschaften, die mich ausmachen.

Meine Kontaktdaten sind:
Sven Stöckle
Am Gängele 8
88299 Leutkirch im Allgäu
Tel. +49 7561 912912 oder
+49 172 2872937
Mail: sven.stoeckle@outlook.de
oder www.sven-stoeckle.de

Schlusswort

Du lebst.
Wir leben.
Doch was morgen ist, das weiß keiner von uns.
Was wird werden, das weiß auch keiner von uns.
Doch wir hoffen sehr, du konntest mit unseren Texten
Antworten finden, Inspirationen sammeln, Vertrauen
gewinnen und Hoffnung erlangen.

Wir hoffen, wir sehen uns einmal im realen Leben.
Wir hoffen, dein Leben verläuft für dich so, wie du es
dir wünschst.
Und wir hoffen auf eine schöne kommende Zeit, für uns alle.

Wir freuen uns, dass wir dich hier begleiten durften.
Es war uns eine Ehre.

In tiefer Verbundenheit
Kristina Rumpel
Sarah Tschirky-Gassner
Mirjam Hauptfleisch
Wolfgang Winderl
Astrid Best-Botthof
Sascha Lühr
Birgit Proske
Heidrun Klaua
Barbara Grashaus
Sven Stöckle
Bettina Gronow

Für ein besseres Leben * For a better life.

Über die Herausgeberin

Bettina Gronow

Seelenbuch-Autorin & Mentorin

Ich trat 2015 eine Reise an, bei der ich nicht im Geringsten erahnte, wohin sie mich führen würde. Erst entstand ein Buch, dann ein zweites und heute im Jahr 2021 sind es fünfzehn Bücher und/oder Buchprojekte. Wir wissen nie, was das Leben mit uns vorhat, doch wenn wir uns auf unser Leben einlassen, dann dürfen wir oft Wunder erleben.

Wie jedes Leben besteht auch mein Leben aus Herausforderungen. Und das Erlebte hat sich natürlich auch in meiner Bücherwelt widergespiegelt. Dazu kam, dass ich von Tabu-Themen angezogen werde. Zum einen, weil ich ihnen den Raum geben kann und zum anderen, weil ich sie auch halten (teilweise auch aushalten) kann.

Heute freue ich mich auch ganz besonders darüber, dass ich Menschen dabei begleite, ihr ganz eigenes Werk in die Welt zu bringen. Und so schließt sich der Kreis, der vor Jahren mit einem Satz begonnen hat.

Ich freue mich sehr, wenn wir uns in dem ein oder anderen Buch von mir wiedersehen und ich auch dort dein Herz berühren darf.

Beseelte Grüße, Bettina

Buchempfehlungen

Kristina Marita Rumpel

Die Kraft des Weiblichen:
Der Schlüssel für Frau
und Mann in eine
lebensbejahende Welt

ISBN: 9-783863-743024

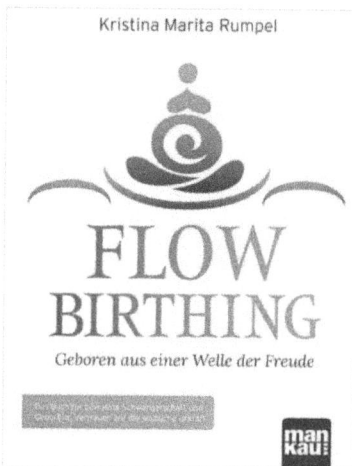

Kristina Marita Rumpel

FlowBirthing –
Geboren aus einer
Welle der Freude:
Das Buch für bewusste
Schwangerschaft und
Geburt im Vertrauen auf
die weibliche Urkraft

ISBN: 9-783863-742348

Kristina Marita Rumpel

Mit Mut und Kraft zur
Quelle: Zeit, die weibliche
Geschichte des Seins zu
erzählen

ISBN: 9-783843-413534

Kristina Marita Rumpel

Das Erwachen des
Drachenbewusstseins:
Aufbruch in eine neue
Dimension des Seins

ISBN: 9-78384-3413411

Kristina Marita Rumpel

Echte Dankbarkeit:
Wie ein Bewusstsein der
Verbundenheit uns reich
macht

ISBN: 9-783843-413602

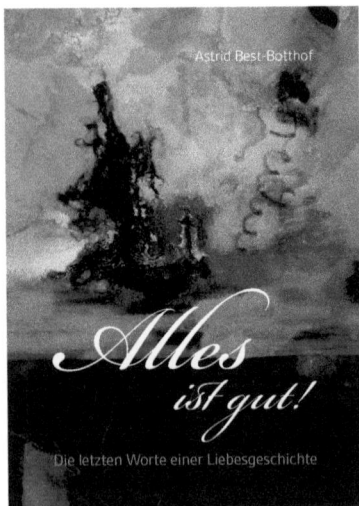

Astrid Best-Botthof

Alles ist gut!
Die letzten Worte einer
Liebesgeschichte

ISBN: 9-783740-785161

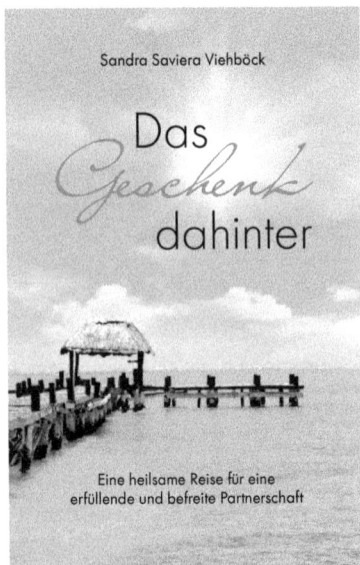

Sandra Saviera Viehböck

Das Geschenk dahinter:
Eine heilsame Reise in eine
erfüllende und befreite
Partnerschaft

ISBN: 9-783740-784843

Bettina Gronow

Coaching der neuen Zeit:
Authentische Geschichten
die inspirieren

ISBN: 9-783740-767747

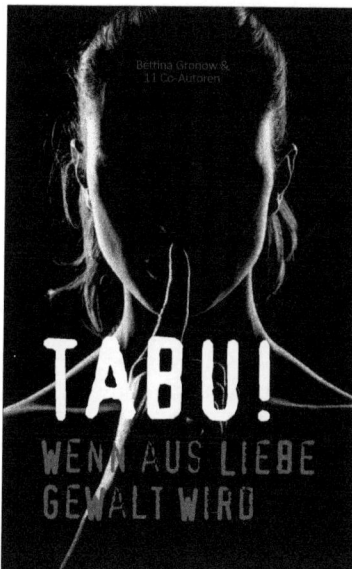

Bettina Gronow

Tabu: Wenn aus Liebe
Gewalt wird

ISBN: 9-783740-770280

Lightning Source UK Ltd.
Milton Keynes UK
UKHW021001291121
394778UK00013B/1190